VERENA KLINDERT

# TAROT KARTEN

## FÜR ANFÄNGER

DIE RICHTIGEN FRAGEN, INTERPRETATIONSMÖGLICHKEITEN UND LEGESYSTEME FÜR JEDEN ANLASS

# INHALT

# VORWORT

Ich habe Tarotkarten zugegebenermaßen lange nicht ernst genommen, kannte sie nur von Jahrmärkten oder reißerischen Teleshopping-Kanälen. Über Instagram hat sich mir dann irgendwann eine neue Welt eröffnet: Junge, moderne Frauen und Männer, die dem Tarot eine völlig neue Bedeutung gaben.
Es verging schnell kein Tag mehr, an dem ich nicht etwas über Tarot las, anschaute oder hörte. Zu einem meiner Geburtstage wünschte ich mir deshalb eine Online-Tarotlegung. Spätestens zu diesem Zeitpunkt war es dann endgültig um mich geschehen. Unter meinen Geburtstagsgeschenken befand sich außerdem mein erstes eigenes Kartenset, und so begann meine ganz persönliche Reise.
Ich verliebte mich jeden Tag ein bisschen mehr. Ich legte mir Tages-, Wochen- und Monatsimpulse, und das Tarot wurde zu meinem ständigen Begleiter. Das Erste am Morgen und das Letzte am Abend waren meine geliebten Karten.
Irgendwann entschloss ich mich, zu versuchen, die Karten für andere zu legen. Ich gab schon Live-Coachings und hatte das Bedürfnis, andere an meinen Erkenntnissen teilhaben zu lassen. Ich fing an bei meinem Mann, meinen Freundinnen. Dann wagte ich mich an eine meiner Coaching-Klientinnen. Sie war begeistert und schnell ergab es sich, dass ich für sie während unserer intensiven gemeinsamen Zeit jeden Tag eine Karte zog. Aus dieser individuellen Leistung wurde schnell ein Angebot für die Allgemeinheit.
Mein Fokus veränderte sich, und so ist das Tarot heute nicht nur eine große Liebe, sondern auch Beruf und Berufung.
Es ist mir deshalb eine ganz besondere Ehre, diese wunderschönen Karten und dieses Handbuch für dich bereitzustellen.

Deine Verena

# EINFÜHRUNG: WIE FUNKTIONIEREN TAROTKARTEN?

Tarotkarten sind vielseitig einsetzbar und werden deshalb ganz unterschiedlich genutzt. Manche Menschen glauben fest daran, damit die Zukunft vorhersagen zu können, anderen dienen sie lediglich als amüsanter Zeitvertreib mit Freunden und Freundinnen. Dazwischen gibt es viele, viele Nuancen. Eine davon findest du hier.

Dieses Buch soll dir dabei helfen, die Tarotkarten als Spiegel deiner Seele zu sehen. Es geht darum zu erkennen, was *du* willst, was für *dich* ein richtiger Weg oder eine richtige Entscheidung ist, unabhängig von den Erwartungen anderer oder vergangenen, schlechten Erfahrungen. Und das ist weniger Hokuspokus, als du vielleicht im ersten Moment denken magst. In der Psychologie werden schon seit Jahrzehnten Bilder benutzt, um Unbewusstes sichtbar zu machen. Ein Bild kann uns innerhalb von wenigen Sekunden Zugang zu bisher verborgenen Denkmustern und Gefühlen verschaffen, die zuvor von unserem Verstand zu stark gefiltert wurden. Du kennst das vielleicht auch: Du denkst und denkst über eine Sache nach. Doch das Problem wird dadurch nicht kleiner, und der Lösung kommst du auch nicht näher. Je länger du dir den Kopf zerbrichst, umso schwieriger wird es, einen Ausweg zu finden. Am Ende weißt du nicht mehr, was richtig oder falsch ist, und fühlst dich hilflos, überfordert oder eingesperrt. Gerade in solchen Situationen können uns Tarotkarten ungemein helfen. Sie zeigen andere Perspektiven, erheben keinen Anspruch auf eine absolute Wahrheit, sondern eröffnen uns anhand einer kleinen Geschichte einen neuen Aspekt, der uns unter Umständen vorher gar nicht bewusst war. So können wir lernen, uns selbst zu helfen, auf uns selbst zu vertrauen. Die Wahrheit ist nämlich, dass uns kein anderer Mensch sagen kann, was für uns das Richtige ist. Es geht außerdem nicht darum, die Zukunft genau vorauszusagen, sondern zurück zu deiner Intuition zu finden. Für deine eigene Tarotpraxis möchte ich dir ans Herz legen, dir bewusst zu machen, dass du dieses Buch zwar immer als Inspiration nutzen darfst, aber niemals als starres Regelwerk verstehen solltest. Es passiert nichts Schreckliches, wenn du dich nicht an Richtlinien von mir oder anderen hältst. Tarot ist keine strenge, okkulte Praxis, die dich bestraft, wenn du Fehler machst. Du ziehst keinen Fluch auf dich, wenn sich bestimmte Dinge für dich nicht optimal anfühlen und du deshalb etwas anders machst. Manche Dinge erfordern Routine oder Eingewöhnungszeit, andere sind einfach nicht für dich gemacht. Das ist okay. Am Ende wird deine Tarotzeit immer etwas anders ablaufen als die anderer Menschen, und genau das ist das Wunderbare. Hab einfach Spaß und probiere verschiedene Dinge aus, bis du ganz genau weißt, was dir gefällt. Ich wünsche dir nun von ganzem Herzen viel Freude, Offenheit und Neugier und eine erkenntnisreiche Reise zu dir, deiner Seele und deiner Intuition.

# VORBEREITUNG

## WANN BEFRAGE ICH DIE KARTEN?

Vorweg: Selbstverständlich kannst du die Karten grundsätzlich immer zu Rate ziehen. Es gibt hier, wie in vielen anderen Fragen des Tarots, kein Richtig oder Falsch, sondern allein dein Gefühl.
Es gibt allerdings Situationen, in denen die Karten besonders hilfreich sein können. Wenn der Schuh gerade irgendwo drückt, es ein Problem gibt, eine Unsicherheit oder das Gefühl, nicht genau zu wissen, was zu tun ist. Dann können die Karten neue Denkanstöße und Impulse bringen, die deine Herausforderungen greifbarer machen und damit zu einer Lösung beitragen.
Manche Menschen finden es auch sehr hilfreich, die Karten täglich zu befragen. Innerhalb einer Morgenroutine können sie zum Beispiel helfen, die Intention des bevorstehenden Tages zu fassen und sich danach auszurichten. Du fühlst dich dank einer täglichen Karte vielleicht sortierter und geordneter und bist dadurch motivierter, bestimmte Dinge anzugehen. Eine abendliche Karte wiederum kann beruhigend sein und dich dabei unterstützen, abzuschalten und dich auf eine angenehme, ruhige Nacht vorzubereiten.
Zu besonderen Anlässen wie Silvester, Neujahr oder an Geburtstagen kannst du die Karten befragen, um größere und komplexere Zusammenhänge zu erkennen und einen Überblick zu gewinnen. Wir können uns dann auf ein neues (Lebens-)Jahr einstimmen oder aus dem alten lernen.
Ebenso kann eine Kartenlegung rund um den Voll- oder Neumond dabei helfen, Ziele oder Intentionen für den kommenden Mondzyklus zu finden oder Lektionen und Herausforderungen des letzten Mondzyklus besser zu verstehen.

## WAS KANN ICH FRAGEN?

Die richtigen Fragen zu finden ist gar nicht so einfach. Es lohnt sich, ein bisschen Zeit dafür aufzuwenden, sich bewusst zu machen, was der eigentliche Kern des Problems ist. Vielleicht geht es um etwas ganz anderes, als du vermutet hast. In meiner Tarotpraxis erlebe ich es häufig, dass Menschen mit Anliegen zu mir kommen, die bei genauerer Betrachtung gar nicht so relevant waren. Ich hatte beispielsweise einmal eine Klientin, die gerne wissen wollte, wann sie ihren Traummann trifft. Im Verlauf des gemeinsamen Gespräches stellte sich dann allerdings heraus, dass es vielmehr um die Frage ging, wie sie besser mit dem Singlesein umgehen könne.

Generell sind »Wie«- und »Was«-Fragen sehr viel besser geeignet als Fragen nach einem »Wann« oder »Wer«.

»Wann werde ich endlich so richtig erfolgreich im Beruf sein?« wird einem weniger Erkenntnis bringen als »Was ist wichtig für mich, um einer erfolgreichen beruflichen Zukunft näher zu kommen?«. Denn wie gesagt: Nach meiner Auffassung sind die Karten nicht imstande, uns eine genaue Zukunft vorherzusagen.

Zwei gute Einstiege sind daher »Wie erreiche ich es, dass …« oder »Was kann ich tun, um …«. Von dort kannst du spezifischer werden. Mit jeder weiteren Frage erkennst du dann auch, um was es dir eigentlich wirklich geht. Sieh es so: Klarheit erhältst du nicht, weil die Karten dir genau sagen, was zu tun, wer der oder die Richtige ist oder was als Nächstes passiert, sondern weil sie dir eine Perspektive aufzeigen, mit der du dann spielen darfst. Bewahre dir beim Fragen eine gewisse Neugier, Offenheit und spielerische Einstellung, dann bist du in der Lage, auch erst einmal eher verschlüsselt anmutende Antworten zu verstehen.

## WIE KANN ICH FRAGEN?

Versuche, zu den Karten eine Verbindung aufzubauen und sie nicht nur als bloßen Überbringer von Nachrichten zu sehen. Es geht gar nicht nur ums Fragen: Es ist gut, wenn du aktiv mit den Karten agierst, deine Fragen vielleicht sogar laut oder schriftlich stellst, deine Situation beschreibst, Hilfe erbittest und dich am Ende der Legung bedankst. Das mag dir gerade am Anfang vielleicht noch etwas merkwürdig vorkommen, bringt dich den Karten aber wahnsinnig schnell sehr nah und hilft dir, ihre Botschaft auf deine aktuelle Situation zu übertragen.

## WAS MUSS ICH BEIM LEGEN BEACHTEN?

Einer der für mich wichtigsten Punkte bei jeder Legung ist das Wohlbefinden. Mach es dir gemütlich! Richte dich so ein, dass du gerne dort bist, wo du dich befindest. Sei aufmerksam und wirklich anwesend. Mach vielleicht sogar dein Handy aus und sieh deine Tarotpraxis als eine Zeit der Ruhe, der Achtsamkeit und Selbstliebe. Du tust da etwas ganz Wichtiges für *dich*, kommst *deiner* Intuition und *deinen* Gefühlen näher, begegnest eventuell sogar Teilen von dir, die du noch nicht kanntest. Es ist nicht übertrieben zu sagen, dass eine Kartenlegung so etwas wie eine heilige, magische Zeit ist. Du wirst merken: Je mehr du deinen Moment mit den Tarotkarten zelebrierst, desto intensiver kannst du auch die darin enthaltenen Nachrichten empfangen. Die Fragen an die Karten kannst du so stellen, wie es sich für dich richtig anfühlt: mit geschlossenen oder offenen Augen, vor oder während des Mischens, am Tisch oder gemütlich auf einem Sitzkissen auf dem Boden. Manche halten die Karten gerne beim Mischen in der Hand, andere fächern sie vor sich auf, schließen die Augen und ziehen intuitiv eine Tarotkarte heraus. Probiere am besten mehrere Möglichkeiten aus und entscheide dich dann erst, was am besten zu dir passt. Wichtig ist nur, dass du mischst: Die

Karten verbinden sich durch das ausgiebige Durchmischen besonders gut mit dir und erhalten eine Art Aufladung.
Du musst dich an dieser Stelle aber natürlich nicht dauerhaft festlegen, sondern kannst je nach Situation und Zeit immer anders mischen, legen und ziehen. Ich zum Beispiel gestalte meine Tarotzeit immer wie eine Meditation. Ich mache schöne Klaviermusik und meine liebsten Kerzen an, habe den Diffusor mit einem für mich passenden Öl laufen, setze mich entspannt im Lotussitz auf den Boden, nehme die Karten erst einmal nur in die Hand, baue eine Beziehung zu ihnen auf, sammle mich, formuliere eine Intention und genieße diesen ruhigen, entspannten, bewussten Moment. Wenn ich eine Frage habe, stelle ich diese vor dem Mischen und habe sie im Kopf, während mir die Karten durch die Hände gleiten. Wenn ich mehrere Fragen habe, wiederholt sich dieser Vorgang so lange, bis ich für jede Frage eine Karte gezogen habe. Natürlich gibt es auch Gelegenheiten, an denen es sich passender anfühlt, mich an den Schreibtisch zu setzen oder die Karten in Anwesenheit einer anderen Person zu befragen, dann ändert sich das Setting natürlich, kann aber ebenso erfüllend sein - schließlich ist es dann bewusst so gewählt und erfüllt einen anderen Zweck. Überleg dir also vorher einfach, mit welchem Ziel du die Karten legen möchtest. Ist es eine Befragung vom Bett aus, um gut in den neuen Tag oder die bevorstehende Nacht zu starten? Ist es die lang ersehnte Me-Time, die du dir ganz bewusst schenkst? Oder ist es vielleicht die gemeinsame Zeit mit deiner besten Freundin, in der ihr voller Spaß gemeinsam noch ein wenig tiefer blicken wollt? Egal, was deine Situation ist: Frag dich einfach, wie du diesen Moment so angenehm und schön wie möglich für dich gestalten kannst. So beginnt die Tarotreise stets am besten.

# ALLGEMEINES ZU DEN KARTEN

## AUFBEWAHRUNG

An sich ist es überhaupt kein Problem, die Karten immer wieder in den Karton zu legen, in dem du sie gekauft hast. Es ist nur wichtig, dass du sie vor einer Legung dann besonders gut durchmischst und sie »atmen« lässt. Einen Stuhl, der über längere Zeit in einer Abstellkammer war, würdest du vermutlich auch erst einmal abstauben.
Es gibt außerdem die Möglichkeit, dir besondere Säckchen oder Schatullen zu kaufen. Die Karten sind in diesem Fall von durchlässigeren Materialien wie Samt, Seide oder Holz umgeben, und haben mehr Bewegungsfreiheit. Schau dich einfach um, gehe da ganz nach deinen eigenen Vorlieben, ziehe auch in Betracht, wie sich die Karten auf Reisen am besten transportieren lassen und finde ein hübsches Zuhause für deine neuen Schätze.

## REINIGUNG

Bevor du die Karten das erste Mal verwendest und auch nach jeder Legung macht es Sinn, sie zu reinigen. Du kannst das vergleichen mit dem Kaufen neuer Kleidung. Da entfernst du auch erst einmal die Schilder und packst alles in die Waschmaschine. Das machst du nicht nur am Anfang so, sondern meist nach jedem Tragen.
Der Reinigungsvorgang lässt die Karten bei dir zu Hause ankommen. Nach den Legungen werden sie mit der Reinigung wieder auf »Werkseinstellungen« zurückgesetzt. Das Kartenlegen ist vor allem energetische Arbeit. Deine Gedanken fließen mit ein, deine

Gefühle, deine Wünsche, vielleicht auch Probleme, die du bei der jeweiligen Legung hattest. Das Reinigen kann helfen, dich und die Karten für die nächste Benutzung neu auszurichten.
Reinigen kannst du die Karten auf verschiedenste Weise. Du kannst zum Beispiel Räucherstäbchen oder Salbei anzünden und die Karten in den Rauch halten. Bewege sie ruhig hin und her, dann ist die Reinigung noch gründlicher. Auch Öle in einem Diffusor oder über einer Kerze eignen sich für diese Methode.
Es ist außerdem möglich, die Karten mit Kristallen, im Mond- oder Sonnenlicht oder mithilfe von Musik und Tönen zu reinigen. Ich zum Beispiel verwende sehr gerne eine kleine Klangschale nach jeder Legung, platziere meine liebsten Kristalle auf den Karten oder lasse sie bei Vollmond am Fenster oder auf der Terrasse liegen.
Das Schöne dabei: Die Karten werden nicht nur von schlechten, beziehungsweise alten Energien gereinigt, sondern erhalten auch eine energetisch kraftvolle Aufladung, die dich bei zukünftigen Legungen unterstützt.

## SONNEN- UND SCHATTENASPEKTE

Jede Karte im Tarot hat ein Grundthema, symbolisiert jedoch zwei Seiten einer Medaille. Man kann deshalb nicht sagen, dass eine Karte ausschließlich »gut« oder »schlecht« ist. Es bedarf am Ende deiner Intuition, um zu verstehen, ob die Karte für dich gerade eher in ihrem Schatten- oder Sonnenaspekt bedeutsam ist. Was ist dein erster Impuls, wenn du sie siehst? Ist er positiv oder negativ?
Wenn du ganz am Anfang stehst, würde ich dir aber empfehlen, erst einmal bei den klassischen Bedeutungen der Karte zu bleiben, die ich in diesem Buch beschrieben habe. Es kann verwirrend sein, gleich zu Beginn alle möglichen Aspekte mit einzubeziehen. Aber vielleicht hilft es dir an dieser Stelle, zumindest zu wissen, dass jede Bedeutung auch einen Schatten- oder Sonnen-

aspekt hat. Du wirst auch merken, dass ich in den Interpretationen darauf geachtet habe, mehrere Blickwinkel, Fragen und mögliche Schritte für die Zukunft aufzuzeigen. Schau also immer, was davon für dich gerade passt und nimm das, was dir erst einmal wenig relevant erscheinen, einfach nur wahr. Manche interessanten Erkenntnisse brauchen ein wenig Zeit.

## ELEMENTE

Die vier Elemente Feuer, Luft, Wasser und Erde sind die Grundpfeiler unserer Existenz. Auch das Tarot baut auf diesen fundamentalen Energien auf. Karten der jeweiligen Elemente können andeuten, dass du mehr oder weniger davon gebrauchen könntest oder gerade im Einklang bist.

**Die Stäbe** gehören zum Feuer und verkörpern Leidenschaft, Tatendrang, Energie und Motivation. Feuer erhitzt uns, befeuert uns, regt uns an und brennt im Zweifelsfall auch mal etwas nieder. Wenn eine Karte der Stäbe zu dir kommt, geht es für dich also immer um eine Form des Handelns, um deine Vitalität und den Drang, Dinge durchzusetzen.

**Die Kelche** werden mit dem Element Wasser in Verbindung gebracht, das für unsere Gefühlswelt, unsere Wurzeln im Leben und auch unsere zwischenmenschlichen Beziehungen steht. Ziehst du eine Wasserkarte, darfst du dich immer fragen, wie es gerade um deine Empfindungen steht, ob es etwas gibt, das sich gerade besonders gut oder besonders schlecht anfühlt, und ob du dem mehr oder weniger Aufmerksamkeit schenken solltest.

Bei **den Schwertern** geht es immer auch um das Element Luft. Die Luft bringt alles in Schwung und steht deshalb für gedankliche Flexibilität, Strukturen und Muster. Alles, was sich in deinem Kopf so abspielt und wie du dies kommunizierst und damit umgehst, wird hier verdeutlicht. Eine Schwertkarte zeigt dir an, wie es um deine Gedankenmuster, Kommunikation und mentale Stärke bestellt ist.

**Die Münzen** werden der Erde zugeordnet und sind damit mit allem Materiellen, aber auch sonstigen greifbaren Dingen verbunden. Eine Münzkarte erinnert dich deshalb beispielsweise an die Verbindung zu deinem Körper, deinen Finanzen oder deinem Wohnort.

## ARCHETYPEN VON MANN UND FRAU

Dir wird in diesem Buch vermutlich an mehreren Stellen auffallen, dass ich von männlichen und weiblichen Energien spreche, die unabhängig vom Geschlecht in jedem von uns vorkommen. Das Empfangen steht wegen der körperlichen Fähigkeit der Frau, schwanger zu werden und den Mann in sich aufzunehmen, für die weibliche Energie. Dazu gehören beispielsweise außerdem Kreativität, Intuition und Ruhe. Der Mann wiederum gibt seinen Samen und hilft so bei der Entstehung neuen Lebens, deshalb werden Aktion, Geben und Struktur als männliche Energien bezeichnet.

Beide Energien, beide Pole finden wir immer sowohl in Frauen, als auch in Männern. Die Bezeichnungen »männlich« und »weiblich« sind deswegen zwar etwas irreführend, aber notwendig, weil es uns im Deutschen an passenderen Bezeichnungen mangelt. »Yin« und »Yang«, wie diese Energien in der chinesischen Philosophie bezeichnet werden, wären dafür zweifelsohne viel bessere Begriffe.

Lass dir also niemals von gesellschaftlichen, patriarchalischen Normen nehmen, beide Energien in dir zu vereinen.

# DIE LEGESYSTEME

## WARUM GIBT ES VERSCHIEDENE LEGESYSTEME, UND WANN BENUTZE ICH SIE?

Jedes Thema, zu dem du die Karten befragst, hat eigene Anforderungen. Für deine berufliche Lage ist etwas anderes interessant als für deine Freundschaften oder deine Partnerschaft. Zum Umgang mit täglichen Gegebenheiten stellst du dir womöglich andere Fragen als zu Entscheidungen, die dein gesamtes nächstes Jahr betreffen. Deshalb ist es sinnvoll, das Legesystem an die Thematik, zu der du Erkenntnisse gewinnen willst, anzupassen. Verschiedene Legesysteme erleichtern zudem gerade am Anfang die Suche nach passenden Fragen.

Die fünf Legesysteme, die ich dir auf den folgenden Seiten vorstelle, bestechen durch ihre kluge und dennoch leicht verständliche Anordnung und schaffen es oft, innerhalb kurzer Zeit wirklich Licht ins Dunkel zu bringen. Sie sind für absolute Anfänger*innen genauso gut geeignet wie für Profis, beginnen ganz leicht und werden zunehmend komplexer. Du findest nicht nur passende Systeme für verschiedene Themen, sondern kannst mit den aufwändigeren Systemen auch etwas größere Zeitabschnitte oder komplizierte Gegebenheiten unter die Lupe zu nehmen. Ich werde dir natürlich auch genau erklären, wie du die Karten innerhalb dieser Legesysteme verstehen und sie am besten auf dich und deine individuelle Situation übertragen kannst.

Nicht immer allerdings bedarf es eines ganzen Systems. Es gibt Momente, da brauchst du vermutlich einfach einen kleinen Impuls. Zieh dann gerne eine einzelne Karte, die dir beispielsweise den Anfang oder das Ende deines Tages versüßt. Du kannst dich fragen **»Was ist heute besonders wichtig für mich?«** oder **»Was**

**sollte mich dieser Tag lehren?«** Diese Methode eignet sich besonders gut für den Einstieg in deine Tarotpraxis, weil du dich so mit kurzen, regelmäßigen Einheiten den Karten näherst, eine Beziehung zu ihnen aufbaust und sehr schnell lernst, sie zu deuten und zu verstehen, ohne sehr komplexe Zusammenhänge durchschauen zu müssen. Wenn du noch ganz am Anfang stehst und das Gefühl hast, dass dir das mit den Legesystemen zu viel wird, bleib ruhig erst einmal bei der einzelnen Karte und mach das so lange, wie du gerne möchtest.
Ich empfehle außerdem, Fotos von deinen Tarotlegungen zu machen und sie auf dem Handy zu beschriften oder die Karten und ihre Bedeutung in dein Journal zu übertragen, damit du zu einem späteren Zeitpunkt noch einmal überprüfen kannst, ob und inwiefern die Karten (noch) mit deinem Leben übereinstimmen.

## DIE BEDEUTUNG DER KARTEN INNERHALB DER LEGESYSTEME

An sich bleibt die Bedeutung einer Tarotkarte stets die gleiche. Sie enthält nicht plötzlich eine ganz andere Nachricht, nur weil sie unter, über oder neben einer anderen Karte liegt. Dennoch ist es wichtig, Karten innerhalb von Legesystemen als genau das zu sehen, was sie dadurch natürlich sind: Teil eines Systems oder auch Puzzlestück eines Ganzen. Das Legesystem verleiht den Einzelbedeutungen einen übergeordneten, gemeinsamen Kontext. Die Bedeutung erweitert sich je nach Frage und Situation und liefert noch einmal ganz andere Einsichten.
Zur Veranschaulichung stell dir vor, du stehst in einem Raum. Du hast eine Geschichte, Erlebnisse, Erfahrungen, Gefühle und so weiter. Das bist du. Und jetzt stell dir vor, deine drei engsten Freund*innen, deine Familie oder deine Kolleg*innen betreten diesen Raum. Das bist immer noch du, richtig? Aber du stehst innerhalb dieser Gruppe von Menschen in einem bestimmten

Kontext. Bei deinen Freundinnen verhältst du dich auf die eine Weise, bei deiner Familie vielleicht auf eine andere, und mit den Kolleg*innen erleben wir vermutlich wieder eine ganz andere Version von dir. Dass du aber dennoch weiterhin du bist, steht dabei außer Frage.

Ein Legesystem erzählt außerdem eine Geschichte. Deine Geschichte. Es gleicht einem kleinen Universum, das sich um deine Fragestellung dreht. Die einzelnen Karten sind so etwas wie Sterne, die deine Situation von verschiedenen Blickwinkeln beleuchten und dir unterschiedliche Aspekte aufzeigen.

*Wusstest du, dass die Reihenfolge der Tarotkarten in diesem und jedem anderen Kartenset kein Zufall ist? Die Karten 1 bis 78 erzählen eine zusammenhängende Geschichte und sind Teil eines eigenen Kosmos, in dem die erste und die letzte Karte miteinander verbunden sind. Dazu aber mehr, wenn es um die Bedeutung jeder einzelnen Karte geht.*

Wenn Karten innerhalb eines Legesystems vollkommen gegensätzliche Botschaften senden, dir beispielsweise die eine empfiehlt, deine Meinung zu vertreten, und die andere, nicht so sehr auf deinem Standpunkt zu beharren, zeigen sie dir vor allem, was gerade in *deinem* Kopf los ist. Das nennt man Spiegelung. Diese auf den ersten Blick verwirrende, widersprüchliche Kartenkommunikation enthält eine wichtige Botschaft: Du scheinst dich zu sehr darin verbissen zu haben, den *einen* richtigen Weg zu finden. Die Lösung liegt dann in der Mitte. Es geht für dich in diesen Fällen immer darum, eine Balance zwischen beiden Polen zu finden. In meinem Beispiel könnte das bedeuten, dass du an den Stellen in deinem Leben, in denen du zu sehr auf die Meinung anderer achtest, etwas selbstbewusster sein solltest und in anderen Momenten, in denen du dickköpfig auf deinem Standpunkt beharrst, etwas offener für die Ansichten deines Umfeldes sein darfst.

## DIE LEGESYSTEME IM ÜBERBLICK

| Legesystem | Wann benutzen? | Seite |
| --- | --- | --- |
| Klassischer Impuls | Für einen schnellen Denkanstoß zu jeder beliebigen Frage | 20 |
| Entscheidungshilfe | Zum tieferen Verständnis verschiedener Optionen und für die Vereinfachung einer Entscheidung | 22 |
| Beziehungstarot | Für Antworten zu jeglicher Art von zwischenmenschlicher Beziehung | 24 |
| Berufstarot | Für Einsichten in berufliche Situationen und Herausforderungen | 27 |
| Jahrestarot | Für eine Orientierung im neuen Lebens- oder Kalenderjahr | 30 |

## DER KLASSISCHE IMPULS

Der klassische Impuls ist vielseitig einsetzbar, für Anfänger und Profis gleichermaßen geeignet und obwohl relativ kurz und knapp, immer sehr aufschluss- und erkenntnisreich. Wenn es mal etwas mehr sein darf als eine einzelne Karte, eignet er sich hervorragend für eine tägliche oder wöchentliche Routine.
Es lohnt sich, ihn gerade am Anfang immer und immer wieder zu legen, bis du dich an komplexere Systeme herantraust. Selbst wenn du keine Frage hast, kannst du ihn wunderbar getreu seines Namens nutzen: als Impuls. Er kann dir dabei helfen, in kurzer Zeit einen groben Überblick zu bekommen und erste oder nächste Schritte zu gehen. Oft ist er einfach eine große oder kleine Inspiration für die momentane Lage.

Du legst die Karten wie in der Grafik angeordnet von links nach rechts. Du kannst die drei Fragen, die ich dir folgend als Inspiration nenne, jeweils vor dem Mischen stellen oder währenddessen. Ich persönlich gehe meist so vor: Ich stelle den Karten die erste Frage, mische, ziehe eine und lege sie ab. Danach beschäftige ich mich erst einmal mit der Nachricht der Karte, schreibe vielleicht etwas auf oder denke einfach darüber nach.
Mit der zweiten und dritten Karte verfahre ich anschließend genauso. Fragen, Mischen, Ablegen. Wenn alle Karten nebeneinanderliegen, schaue ich sie mir noch einmal einzeln und zusammen im Kontext an.

**Die Frage** an die **erste der drei Karten** lautet: **»Um was geht es gerade?«** oder auch **»Was ist die Absicht meiner aktuellen Situation?«** Hier geht es darum, einen Hinweis auf einen höheren Plan zu bekommen. Manchmal passieren besonders viele Dinge auf einmal und wir verlieren das große Ganze aus den Augen. Manchmal scheint unsere Lage aussichtslos, oder wir funktionieren nur noch und nehmen weder bewusst noch achtsam am Leben teil. In solchen Momenten kann es helfen, einen übergeordneten Sinn zu entdecken und sich so wieder zu erden. Lass die erste Karte ruhig erstmal ein wenig auf dich wirken, bevor du weitermachst. Gib dir Zeit, sie wirklich zu verstehen und auf deine persönliche Situation zu übertragen. Wenn du das Gefühl hast, ihre Botschaft ist angekommen, kann es weitergehen.

**Die zweite Frage** ist: **»Wohin sollte ich meinen Fokus und meine Energie lenken?«** Die Nachricht der ersten Karte bekommt hiermit eine Handlungsanweisung. Dieser Schritt ist extrem wichtig, weil das Wissen oder die Bewusstwerdung um eine Sachlage immer nur der Beginn sein können. Interessant wird es erst dann, wenn ich auch eine Veränderung bewirken kann und mir bewusst wird, was ich tun kann.

**Die dritte Frage** ist zum Schluss: **»Was ist die Nachricht vom Universum?«** Wenn du nicht an Gott oder eine höhere Macht glaubst, stell dir das Universum einfach als das vor, was dich umgibt. Mit dieser Frage beziehst du ein größeres Ganzes mit ein und löst dich ein Stück von deiner eigenen, kleinen Sicht auf die Welt. Kennst du das Gefühl, wenn du im Flugzeug sitzt und aus dem Fenster schaust? Mit jeder Sekunde nach dem Abflug wird alles unter dir kleiner und kleiner, bis du irgendwann über den Wolken schwebst und, wenn überhaupt, alles nur noch winzig klein erkennen kannst.

Die letzte Karte soll dir dabei helfen, deine eigene Perspektive zu erweitern und einen anderen Blickwinkel auf deine Lage zu erhalten. Im besten Fall schließt sich der Kreis zur ersten Frage, weil du ein Gefühl dafür bekommst, wie der Sinn deiner jetzigen Umstände in Bezug zu einem größeren Ganzen steht.

## DIE ENTSCHEIDUNGSHILFE

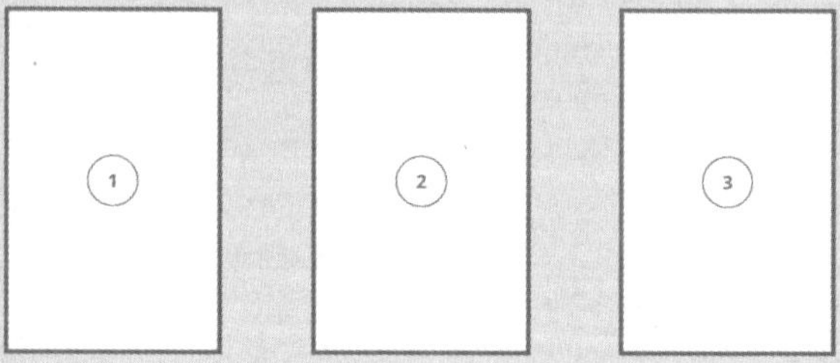


Wieder drei Karten, wieder nebeneinander. Das Grundgerüst der Entscheidungshilfe ist genau das gleiche wie das des klassischen Impulses. Die Fragen sind unterschiedlich, aber du legst die Karten nach demselben Prinzip. Der Unterschied liegt also in der Ausgangssituation: Wie der Name schon verrät, soll dir dieses Legesystem helfen, eine Entscheidung zu treffen. Wenn du es benutzt, stehst du höchstwahrscheinlich zwischen zwei Optionen und hast keine Idee, was gerade richtig für dich ist.

Wie alle anderen Legetechniken soll dich auch diese dazu befähigen, deine eigene, innere Stimme lauter zu hören und den Rest der Welt leiser zu machen. Wahrscheinlich weißt du instinktiv schon, wohin es für dich gehen soll, und brauchst nur ein wenig Hilfe, um deinen Weg zu erkennen.

**Die erste Karte** zeigt dir die Möglichkeiten deiner ersten Option. Sie hilft dir dabei, einen Überblick über die Gesamtheit dieser Perspektive zu bekommen. Frage bevor oder während du mischst, was du zu dieser Option wissen solltest. Die Karte, die herausfällt oder sich für dich richtig anfühlt, ziehst du und legst sie vor dir ab. Schaue sie dir genau an.

Achte darauf, was du direkt nach der Legung fühlst: Zögerst du und bist erschrocken? Oder möchtest du jubeln? Dein bestätigendes Lächeln sagt manchmal mehr, als tausend Worte es jemals könnten. Findest du gut, was du da siehst? Bestätigt es dich oder schreckt es dich ab? Bist du nun sicherer oder fühlst du dich plötzlich verunsichert? Was sagt das über deinen eigentlichen Wunsch aus? Gerade in Zeiten schwieriger Entscheidungen kann diese erste Gefühlsregung extrem ausschlaggebend sein. Lass die Karte daher erst einmal auf dich wirken, bevor du meine Interpretation dazu durchliest. Schreib diese ersten Eindrücke gerne auf. Das wird dir später dabei helfen, eine Entscheidung zu treffen, die nicht nur aus dem Kopf herauskommt (unser Kopf tendiert mit zunehmender Zeit dazu, Dinge zu sehr zu rationalisieren), sondern die auch mit deinen Gefühlen im Einklang ist. Wenn du dann anschließend die Deutung der Karte liest: Was macht das mit dir? Bist du glücklich oder unglücklich mit der Nachricht? Was sagt dir das? Was wünschst du dir wirklich? Wenn du dir so ein Bild zu deiner ersten Option machen konntest und dich mit ihrer Nachricht beschäftigt hast, kann es weitergehen.

Die **zweite Karte** beschreibt auf dieselbe Weise deine zweite Option. Gehe genauso vor wie bei der ersten Karte, stell dir genau dieselben Fragen und vergleiche die Antworten. Welche Nachricht klingt nun für dich stimmiger? Was sagt dein Bauchgefühl? Nimm dir gerne wieder etwas Zeit an dieser Stelle. Du hast nun beide Möglichkeiten und die dazugehörigen Botschaften der Karten vor dir liegen. Ein guter Zeitpunkt, um sie miteinander zu vergleichen und in dich hineinzuspüren, bevor es weitergeht mit der letzten Nachricht.

Die **dritte Karte** beantwortet die Frage **»Was hilft mir, die für mich richtige Entscheidung zu treffen?«** Du hast nun zwar bestimmte Eindrücke zu deinen Möglichkeiten, weißt aber unter Umständen trotzdem nicht, was du nun tun sollst. »Geht es für mich nun darum, schnell in die Umsetzung zu kommen? Ist es besser, lieber noch etwas zu warten? Wäre es eine gute Idee, noch andere Menschen mit einzubeziehen? Versteife ich mich womöglich zu sehr auf diese eine Sache?« Diese dritte Karte möchte dir helfen, indem sie dir die Art und Weise aufzeigt, mit der du deine Entscheidung treffen kannst.

## DAS BEZIEHUNGSTAROT

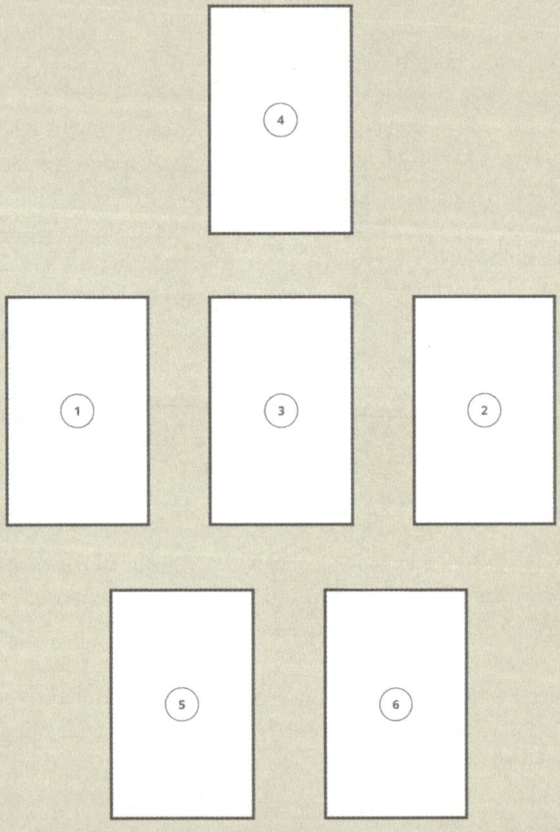




Jetzt wird es etwas komplexer – wie passend, wenn wir beim Thema zwischenmenschliche Beziehungen sind. Egal, ob es um deine Partnerschaft, deine Mutter, deinen Vater, dein Kind, ein anderes Familienmitglied, deine Freund*innen oder Kolleg*innen geht, mithilfe dieses Legesystems kannst du die verschiedenen Perspektiven in eurer Verbindung beleuchten und dich und die andere Person in neuem Licht sehen. Es ist dabei auch egal, an welchem Punkt eure

Beziehung gerade steht. Vielleicht kennt ihr euch noch gar nicht lange, vielleicht müsst ihr momentan eine große Herausforderung meistern oder habt gerade eine Krise überstanden. Vielleicht steht eine große Veränderung an, oder du hast einfach ohne konkreten Grund das Gefühl, dass aktuell etwas angeschaut werden will. Was auch immer es ist, ich bin sicher, du wirst nach der Legung dieser Karten einen frischeren Blick auf euer Verhältnis haben.

**Die erste Karte** beschreibt *dich*: was du in eurer Beziehung für eine Rolle einnimmst oder einnehmen willst und welche Dinge für dich ganz persönlich maßgeblich sind. Frag die Karten beim Mischen deshalb so etwas wie **»Was ist meine Rolle in unserer Beziehung?«** oder auch **»Wer bin ich in dieser Beziehung?«** Nutze diese Karte, um den Fokus auf deine Bedürfnisse, Wünsche, Sehnsüchte, aber auch Makel in der Beziehung zu lenken. Wir alle sind Menschen mit Fehlern und ganz gleich in welcher Situation ihr euch gerade befindet: Wenn etwas gut oder schlecht läuft, seid ihr wahrscheinlich beide daran beteiligt. Vielleicht kann die Tarotkarte dir an dieser Stelle helfen, dich einer Verantwortung zu stellen oder die deines Gegenübers zu erkennen. In jedem Fall sollte sie dir ermöglichen zu begreifen, mit welchen Ideen du in diese Verbindung gegangen bist und was du nun zum Glücklichsein brauchst. Lass die Karte auf dich wirken und mach dir gerne Notizen, ehe du weitermachst.

Bei **der zweiten Karte** geht es um die Bedürfnisse, Wünsche, Träume, Makel oder auch Sorgen der anderen Person. **Welche Rolle nimmt sie in eurer Beziehung ein? Was treibt sie an? Was fehlt ihr vielleicht?** Diese Tarotkarte möchte dir dabei helfen, dich in dein Gegenüber hineinzuversetzen, Beweggründe und Motivationen besser zu verstehen und dementsprechend verständnisvoller, konsequenter oder reflektierter handeln zu können. Deine Interpretation wird dabei sicherlich durch dein ganz persönliches Bild dieser Person beeinflusst. Du solltest dich also immer fragen: Ist das wirklich die andere Person, oder ist das lediglich mein Bild von ihr? Warum ist das so? Tue ich mir und/oder meinem Gegenüber damit vielleicht unrecht?

**Die dritte Karte** zeichnet das Bild eurer gemeinsamen Beziehung. Ich sage zu meinen Klient*innen oft, dass jede Beziehung drei Bedürfnisebenen hat: meine, die meines Gegenübers und unsere gemeinsame. Man könnte die Beziehung als eine Art dritte Person sehen, die eigene Interessen verfolgt, die mit euren jeweils einzelnen kollidieren können. Deshalb macht es Sinn, die Beziehung als solche noch einmal getrennt von euch zu betrachten. Bei der Ziehung dieser Karte kannst du beispielsweise fragen **»Was braucht unsere Beziehung gerade?«** oder auch **»Was wäre für eine gesunde, erfüllte Verbindung auf Augenhöhe nun wichtig?«**

Bei **der vierten Karte** kommt euer Umfeld ins Spiel. Hier kannst du fragen **»Welche äußeren Umstände beeinflussen uns gerade?«** oder auch **»Welche externen Dinge können uns jetzt helfen?«** Wir werden auch in Beziehungen von außen stärker beeinflusst, als wir vielleicht glauben. Da prallt die Erziehung, die man als Kind erfahren hat, auf die Wertvorstellungen des Arbeitgebers oder auf die Ideale des Partners/der Partnerin. Es geht nun also darum, zu ergründen, was von außen auf euch einwirkt, was euch positiv oder negativ beeinflusst. Nicht immer muss an dieser Einwirkung etwas geändert werden, aber sie sich bewusst zu machen, kann viel verändern.

**Die fünfte Karte** zeigt, worin die Lektion der aktuellen Situation steckt. Für irgendetwas ist das, was gerade zwischen euch passiert, wichtig. Je schneller du dir darüber bewusst wirst, dass nichts einfach grundlos passiert, desto einfacher ist es, Dinge wertzuschätzen oder zu verändern. Du kannst zum Beispiel fragen **»Was ist unsere/meine Lernaufgabe?«**.

Mit **der sechsten und letzten Karte** geht es darum herauszufinden, welche Schritte nun wichtig sein können oder welche Denkweisen dich und euch weiterbringen. Diese Karte hilft, die vorherigen Erkenntnisse in eine Handlung umzusetzen und macht damit griffiger, was du oder ihr nun tun könnt. Du kannst zum Beispiel fragen **»Was ist wichtig, um jetzt weiterzumachen?«** oder auch **»Was können wir als Nächstes tun?«**

# DAS BERUFSTAROT

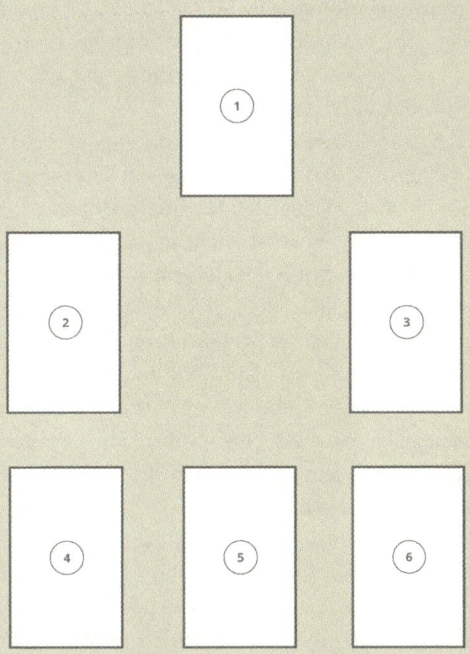


Viele von uns verbringen einen wesentlichen Teil ihrer Zeit im Beruf. Das allein ist Grund genug, sich dieses Lebensfeld einmal genauer anzuschauen. Die sechs Karten dieses Legesystems können dir sowohl helfen, klarer zu sehen, welcher Beruf zu dir passen könnte, dich aber auch unterstützen, wenn du beruflich vor Problemen stehst oder neue Herausforderungen suchst. Wenn du in Zeiten der beruflichen Veränderung steckst, kann es äußerst hilfreich sein, dir vor Augen zu führen, was dein Ziel ist und welchen Richtungswechsel es unter Umständen braucht.

**Die erste Karte** ist so etwas wie dein Fixstern, nach dem du dich immer wieder ausrichten und an dem du dich orientieren kannst. Bei ihr geht es um deinen beruflichen Idealzustand. Du kannst zum Beispiel fragen **»Was ist meine Bestimmung?«**, **»Was ist der höhere Sinn in meiner beruflichen Laufbahn?«** oder auch **»Wie finde ich Freude in meinem Beruf?«** Überlege, in welcher Hinsicht die Karte im Augenblick mit dir übereinstimmt und wiederhole die Legung, wenn du das Gefühl hast, deine Richtung könnte sich wieder verändern.

**Die zweite Karte** soll den Fokus darauf richten, was du tun kannst, um dieser schönen Zukunft näher zu kommen. Fragen an die Karten können sein: **»Welchen Herausforderungen sollte ich mich aktuell stellen?«**, **»Was ist wichtig, jetzt zu tun?«** oder auch **»Welches Verhalten bringt mich gerade weiter?«**.

**Die dritte Karte** soll dir helfen, dir deine Stärken bewusst zu machen. Es ist meist ratsamer, die eigenen Stärken weiter auszubauen, als zu versuchen, seine Schwächen zu reparieren. Die Karten kannst du an dieser Stelle fragen: **»Welche Stärken soll ich weiter ausbauen?«**, **»Auf welche meiner Stärken darf ich mich in der aktuellen Situation verlassen?«** oder aber auch **»Welche Stärke von mir übersehe ich gerade?«**

**Die vierte Karte** hat die Aufgabe, dir zu zeigen, wer oder was dich bei der Erreichung deiner beruflichen Ziele unterstützt. Uns sind die Hilfe, die wir von anderen bekommen, und die Ressourcen, auf die wir zurückgreifen können, oftmals gar nicht präsent. Sind es vielleicht Freund*innen? Alte oder neue Kolleg*innen? Jemand aus der Vergangenheit? Deine Familie? Ist es ratsam, ein finanzielles Polster anzulegen oder auf ein bestehendes zurückzugreifen?

Fragen an die Karten können an dieser Stelle sein: **»Wer oder was kann mir in meiner jetzigen Lage am besten helfen?«** oder **»In welchem Lebensbereich brauche ich am meisten Unterstützung?«**

Bei **der fünften Karte** geht es nun darum herauszufinden, was verändert werden muss. Du kannst die Karten beim Mischen fragen **»Was kann ich gerade verändern?«** oder **»In welchem Bereich ist Veränderung aktuell besonders nötig?«**

Vielleicht gibt es mehrere Stellschrauben in deiner beruflichen Laufbahn, die umgestellt werden können. Auch nichts zu tun kann übrigens genau das Richtige sein. Gerade wenn du sonst eine Person bist, die schnell Lösungen für Probleme finden will und sich schnell weiterentwickeln möchte, solltest du das beachten. Wenn du eine Karte erhalten hast, die dir rät, zu warten, das zu schätzen zu wissen, was gerade da ist oder Ruhe zu bewahren, liegt die notwendige Veränderung wahrscheinlich im Nichtstun.

**Die sechste Karte** soll dir schließlich illustrieren, was das Ergebnis deiner Bemühungen sein kann. Verstehe das nicht falsch: Sie wird dir nicht die Zukunft vorherzusagen, sondern dir eine Idee davon geben, wie deine jetzige Situation sich verändern könnte, wenn du nun genau so handelst, wie es sich für dich richtig anfühlt. Du kannst die Karten fragen **»Wohin führt mich das alles?«** oder auch **»Was erwartet mich in Zukunft?«** Achte gerade bei dieser Frage ganz stark darauf, was du fühlst und denkst, wenn du die Karte siehst. Freust du dich? Fühlst du dich bestätigt, verunsichert oder ängstlich? Die Karte kommt genau deswegen zu dir: Sie möchte dir deine Gefühle spiegeln. Denn nur wenn du weißt, was du willst, kannst du danach handeln.

Dieses Legesystem hat dir hoffentlich dabei geholfen, sehr viel klarer zu sehen. Lass es auf dich wirken, verbringe ein paar Tage mit deinen Erkenntnissen und Gefühlen, und dann kann es losgehen in eine wunderbare, erfüllende, berufliche Zukunft!

# DAS JAHRESTAROT

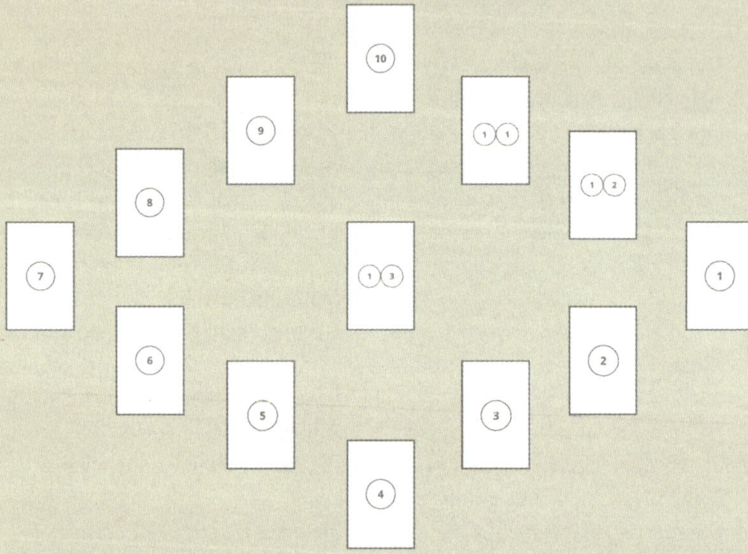


Wir Menschen sehnen uns intuitiv wohl alle nach einem regelmäßigen Abschluss der Vergangenheit und Strukturierung, Planung und aktiven Gestaltung unserer Zukunft. Egal, ob zu Silvester, Neujahr oder zu deinem Geburtstag: Dieses Legesystem ist absolut perfekt, wenn du einen Wegweiser für deine nächsten zwölf Monate haben möchtest. Es ist gar nicht so kompliziert, wie es auf den ersten Blick aussehen mag. Und das kann ich dir sogar garantieren, weil es meine meistgebuchte Session ist und selbst die vielen Anfänger*innen, denen ich ein Jahrestarot gelegt habe, ohne Ausnahme super damit zurechtkamen.

Du legst **die Karten eins bis zwölf** nacheinander ab und ordnest sie in runder Form an, um einen Jahreskreis abzubilden (es bleibt wie immer dir überlassen, ob du zwischen den einzelnen Karten noch einmal durchmischen oder sie direkt hintereinanderlegen möchtest). Beginne bei drei Uhr und arbeite dich im Uhrzeiger-

sinn vor. Jede Karte steht für einen Monat. Wenn du für ein neues Lebensjahr legen möchtest, beginnst du mit deinem Geburtsmonat oder dem darauffolgenden Monat, je nachdem, ob du eher am Anfang oder eher am Ende des Monats Geburtstag hast. An Silvester beziehungsweise Neujahr beginnst du mit dem Januar. Du kannst vor jedem Ziehen einer Karte fragen **»Was ist im Monat XY wichtig für mich?«** oder **»Worauf sollte ich im XY meinen Fokus lenken?«**. Ich mache es immer so, dass ich erst jede Karte des gesamten Jahrestarots lege und dann alle Karten auf einmal interpretiere. So ist es für mich oft einfacher, einen roten Faden zu sehen.
Du erkennst im Jahrestarot, wann eine gute Zeit für harte Arbeit und wann der perfekte Zeitpunkt für Urlaub ist. Du siehst, wann du den Fokus auf Beziehungen und wann auf die Erreichung bestimmter materieller Ziele richten solltest. Du bekommst ein Gefühl für Phasen, in denen es eher darum geht, dich mit dir selbst zu beschäftigen oder für Momente, in denen es darum gehen könnte, bestimmte Bereiche deines Lebens neu zu sortieren.
Auch wenn ich wie gesagt nicht daran glaube, dass Tarotkarten die Zukunft voraussagen können, bin ich doch der Überzeugung, dass sie uns eine Richtung zeigen, die unserem Bewusstsein noch verborgen ist. Wenn wir jeden Monat unter einem ganz bestimmten Aspekt betrachten, wird unsere Lebensreise greifbarer. Wir können uns ausrichten und fokussieren, was oft zu mehr Zufriedenheit, Sicherheit und Erfolg führt.
Bei der letzten Karte, **der Karte Nummer 13,** geht es schließlich darum, eine übergeordnete Aufgabe für deine nächsten zwölf Monate zu entdecken. Sie zeigt das unterschwellige Thema, ist das große, alles verbindende Puzzlestück, das am Ende aus deinem neuen Jahr eine runde Sache macht. Du kannst die Karten fragen **»Was ist das Motto meines neuen Jahres?«** oder **»Was ist mein Hauptthema im neuen Jahr?«**
Wenn du zum Schluss alle Karten vor dir ausgebreitet siehst, wirst du feststellen, dass es zwischen den Karten tatsächlich ein wiederkehrendes Thema, eine sich wiederholende Nachricht oder eine gewisse Entwicklung gibt. Ich habe es bereits erwähnt und

schreibe es gerne wieder: Das Tarot, jedes Deck und jedes Legesystem erzählt immer eine Geschichte, die zunächst getrennt scheinende Aspekte miteinander verbindet. Diese Geschichte siehst du nun ausgebreitet vor dir liegen. Deine ganz persönliche Geschichte für dein neues (Lebens-)Jahr. Ist das nicht aufregend?

# DIE BEDEUTUNG DER KARTEN

## ✦ DER NARR (0) ✦

**NEUANFANG, KINDLICHKEIT, LEICHTIGKEIT**

### Bildsprache

Die Reise beginnt, und wir dürfen uns unsere Narrenmütze aufsetzen. Dürfen kindlich und unbefangen jedes Abenteuer angehen und statt zu denken, abzuwägen und zu zweifeln, nun einfach mit Schwung und einem Salto in neue Lebensabschnitte gehen. In unserem Kopf ist Platz für wilde Ideen und unkonventionelle Aktionen, alles darf mal ein bisschen anders sein. Der Zyklus des Mondes begleitet uns auf unserer Reise, erinnert uns an die Wechselhaftigkeit unserer Gefühle, das zyklische Wesen unserer eigenen Person und daran, dass wir auf unserer Mission, durch alle Höhen und auch Tiefen, immer von ihm begleitet werden. Wir sind beschützt, bewacht und gehalten. Es kann also losgehen.

### Interpretation

Das Leben kann so einfach sein. So unbeschwert und frei. Kannst du es sehen? Wenn diese Karte zu dir kommt, ist es an der Zeit, etwas Unbekanntes zu wagen. Nun ist nicht der Moment, Dinge zu planen, zu organisieren, zu überdenken oder im Kopf immer und immer wieder hin und her zu wälzen. Beweg dich, trau dich, verändere dich. Begib dich in neue Welten, gehe andere Wege und stürze dich in unentdeckte Weiten. Gibt es etwas da draußen in der Welt, das schon lange auf dich wartet? Hast du unerfüllte Wünsche, Bedürfnisse oder Ideen? Lass deinen logischen, erwachsenen Verstand ausgeschaltet. Du steckst in einer kraftvollen Phase voller Potenzial, und es ist nun an dir, das auch zu erkennen. Auch wenn du dich vielleicht nicht so fühlst: Du bist bereit für alles, was da kommen mag. Fass dir ein Herz und gehe die Schritte, die dich näher zu diesem schönen, neuen, unbekannten Leben bringen.

### Fragen

Was würde ich heute tun, wenn ich erst fünf Jahre alt wäre? Was würde ich tun, wenn mir nichts im Weg stände? Was, wenn nichts schiefgehen könnte? Welche Möglichkeiten habe ich gerade, vollkommen neue Erfahrungen zu machen? Bin ich offen für Neues oder spüre ich irgendwo in mir einen Widerstand gegen Unbekanntes? Warum ist das so? Was würde mir gerade am meisten Spaß machen?

### Nächste Schritte

1) Suche nach der Freude! Kopflastigkeit bringt dich nicht weiter. Es ist an der Zeit, deine aktuelle Situation unabhängig von Leistungsdruck oder Gefälligkeitsansprüchen zu sehen. Es geht um dich und darum, dass du das Leben genießt. Und das Schöne dabei: Am Ende bringt das auch allen anderen mehr.
2) Entdecke Neues! Egal, was dir dabei hilft, Dinge mal aus einer anderen Perspektive zu sehen, tu es! Selbst wenn es nur die Umstellung deiner Büromöbel ist, ein Spaziergang zu einem gerade neu eröffneten Café oder eine neue Route beim Gassigehen. Die Welt steckt voller Wunder, und du entdeckst sie sicher, wenn du neue Wege gehst.
3) Nimm deine Ängste an die Hand! Du bist bereit, auch wenn du Angst hast. Manchmal geht es nicht darum, die Angst loszuwerden, sondern sie auf deinem Weg mitzunehmen. Das heißt: Mach, was du gerne tun möchtest, auch wenn du Angst dabei hast. Darauf zu warten, dass die Angst verschwindet, ist in den meisten Fällen wenig förderlich, weil Angst sich nicht weg-warten lässt. Sie verschwindet, wenn wir sie zu unserer Freundin machen, also los geht's!

## ✦ DER MAGIER (1) ✦

**FÜLLE, MACHT, KREATION**

### Bildsprache

Wir entwickeln uns vom unbedarften Narren zum Magier, entdecken unsere große Kraft und die unendlichen Möglichkeiten, die sich vor uns ausbreiten. Wir lernen, die verschiedenen Gewalten, die uns umgeben (Münzen, Becher, Schwerter und Stäbe, also die Elemente Erde, Wasser, Luft und Feuer) miteinander zu verbinden und zu erkennen, wie mächtig wir wirklich sind. In jedem Bereich unseres Lebens warten Chancen, Lektionen und Wunder und vor uns ausgebreitet liegt alles, was wir für die weitere Reise brauchen. Unsere Verbundenheit mit den Zyklen des Lebens, der Natur und unseres eigenen Körpers macht uns selbstsicher, stark und unerschütterlich.

### Interpretation

So viele Möglichkeiten, so viel Kraft, so viel Fülle. Wenn du diese Karte ziehst, bist du genau zur richtigen Zeit am richtigen Ort. Es geht nun darum, dass du erkennst, wie machtvoll du eigentlich bist und wie viele Optionen du hast, dein Leben zu gestalten. Alles liegt vor dir, zum Greifen nah. Du kannst erschaffen, was du dir wünschst, und kannst sein, wer du sein möchtest. Erkennst du das Symbol der Unendlichkeit unter der Hand des Magiers? Unsichtbar hält es auch dich. Deine Optionen sind endlos. Nimm deinen Zauberstab, hab Vertrauen in dich und deine Fähigkeiten und arbeite mit Ruhe und Geduld an dem, was du dir für dich und dein Leben wünschst. Dies ist nicht irgendeine Karte! Du hast hiermit die Einladung erhalten, dich kreativ und schöpferisch in deinem Leben auszuprobieren, um zu erkennen, dass du kein Spielball der Menschen oder Umstände um dich herum bist, sondern deine Geschicke selbst in der Hand hältst. Das kann frustrierend sein, weil du keinen Sündenbock mehr verantwortlich machen kannst, ist aber auch der Schlüssel zu deinem Glück. Du bist bereit, dir genau das Leben zu erschaffen, von dem du träumst. Es ist alles da, was du brauchst.

### Fragen

Welche Dinge, Menschen und Erlebnisse hätte ich gerne in meinem Leben? Was kann ich heute dafür tun? Ist mir bewusst, wie mächtig ich bin oder fühle ich mich größtenteils wie das Opfer meiner Umstände? Wozu dient mir das?

### Nächste Schritte

1) Mach dir bewusst, was du wirklich möchtest – kurz- und langfristig! Nur mit Klarheit darüber, wovon wir mehr und wovon wir weniger in unserem Leben haben möchten, ist es möglich, die nötigen Veränderungen zu bewirken.
2) Fertige eine »Stärkenliste« an! Schreib alles auf, was du gut kannst, wofür dich andere loben, was du an dir selbst magst. Erkennst du, wie wichtig und wundervoll es ist, dass du genau diese Eigenschaften hast? Du bist ein Geschenk für diese Welt, zeig dich!
3) Öffne dich für Magie! Es gibt vieles, das für uns Menschen erklärbar ist, und einiges, das es nicht ist. Verbring ein wenig Zeit mit fantastischen Geschichten oder Filmen, begib dich in träumerische Welten. Welche Lektionen halten sie für dich bereit, und wie kannst du diese auf dein »echtes« Leben übertragen?

## ✦ DIE HOHEPRIESTERIN (2) ✦

**INTUITION, INNERE WEISHEIT, UNTERBEWUSSTSEIN**

### Bildsprache

In einer Welt zwischen schwarz und weiß, rechts und links, richtig und falsch dürfen wir uns auf unsere eigene Mitte besinnen. Eine Mitte, die zwei gegensätzliche Pole miteinander verbindet, und so Dualität fördert. Wir sind als Hohepriesterin tief mit unseren Gefühlen, die der Mond symbolisiert, verwurzelt, tragen die Krone der Weisheit, und unsere Gedanken sind so fruchtbar wie ein reifer Granatapfel. Wir sind imstande zu verbinden, was scheinbar nicht zusammengehört, weil wir erkennen, dass im Leben am Ende alles eine Einheit ist, so getrennt und konträr es auch anmuten mag.

### Interpretation

Egal, wie dein Leben gerade aussieht und welche Herausforderungen du meistern musst: Du bist mit dieser Karte aufgefordert, ganz ruhig zu werden. Das Leben ist nicht nur das Eine oder das Andere, jede Medaille hat zwei Seiten. Bevor du reagierst, womöglich voreilige Entscheidungen triffst oder Entwicklungen forcierst, kann es jetzt hilfreich sein, dich auf dich selbst zu besinnen, dich besser kennenzulernen und deine ganz eigene Mitte zu finden. Lass die Erwartungen und Forderungen um dich herum leiser und deine eigenen Gedanken und Gefühle lauter werden. Du weißt genau, was gerade wirklich zu tun ist und kannst sein, wer du sein möchtest.

**Fragen**

Wie kann ich meine eigene Stimme lauter hören? Was wollen mein Herz und meine Intuition sagen? Welches kleine Rufen in mir ignoriere ich vielleicht seit einiger Zeit? Was brauche ich gerade wirklich? Was sagt mein Bauchgefühl?

**Nächste Schritte**

1) Werde langsamer! Wir leben in einer Leistungsgesellschaft, die uns dazu animiert, lauter, schneller und besser zu sein. Nimm dir Zeit und Ruhe für dich selbst und plane bewusst Auszeiten ein.
2) Führe ein Tagebuch! Nun ist ein guter Zeitpunkt, eine schriftliche Routine zu entwickeln, um dir selbst näherzukommen. Du wirst sehen, deine Worte auf Papier zu lesen macht alles viel klarer.
3) Halte vor Entscheidungen kurz inne! Egal, ob ganz kleine oder sehr wichtige Entscheidungen: Frage dich immer kurz vorher, ob du das wirklich willst oder ob dein Blick vielleicht durch Menschen, vorherige Erfahrungen oder Ängste getrübt ist.

## ✦ DIE HERRSCHERIN (3) ✦

**WEIBLICHKEIT, SINNLICHKEIT, FLOW**

### Bildsprache

Weiblichkeit regiert! Und zu Weiblichkeit gehört Sinnlichkeit, (Lebens-)Lust, Leichtigkeit und das Empfangen aller Schönheiten, die die Welt zu bieten hat. Die Herrscherin verkörpert die feminine Kraft, die uns allen innewohnt (egal, ob Mann oder Frau) und die allein durch ihre Existenz und in Mühelosigkeit Neues erschafft. Die roten Blumen symbolisieren die Pracht des Wachstums, der Individualität und des Lebens selbst. Wir sind in unserer Herrscherin-Rolle nährend, empfangend und schützend, aber auch sexy, selbstbewusst, verführerisch und genussvoll.

### Interpretation

Oh, was für ein schönes Zeichen, dich richtig gut um dich selbst zu kümmern! Wenn diese Karte zu dir findet, ist es Zeit, dir selbst gegenüber fürsorglich und liebend zu sein. Du bist eingeladen, dich deinen Sinnen hinzugeben, die Welt ganz bewusst wahrzunehmen und den Körper, der dir geschenkt wurde, aktiv zu spüren. Beweg dich, fühl dich so frei, stark und wild, wie es nur irgendwie geht. So wirst du zur Kraftquelle für dich selbst und auch für andere. Es geht um (Selbst-)Führung und (Selbst-)Verführung durch die Liebe zum Leben an sich. Merkst du, dass du so viel mehr bist als dieser denkende Kopf, der so viel Platz in deinem Leben einnimmt? Du bist Lust und Liebe und Kreativität und Freude. Schalte ab, beschäftige dich mit deinem Körper, deiner Sexualität, deiner empfangenden Seite, verführe jemanden oder dich selbst, tanz nackt auf dem Küchentisch und bringe etwas in die Welt, was dir wirklich am Herzen liegt. Jetzt ist genau die richtige Zeit.

## Fragen

Was braucht es, dass ich mein Leben sexy und anziehend finde? Wie lange ist es her, dass es mein Lieblingsessen gab? Kann ich mir heute etwas Leckeres gönnen? Wie soll mein Zuhause riechen? Ist meine Kleidung noch anziehend für mich? Was kann ich mir heute nehmen, ohne mich schlecht zu fühlen?

## Nächste Schritte

1) Verwöhne all deine Sinne! Koche, backe, höre die coolste Musik, tanze unter der Dusche, iss dein Leibgericht oder starre Stunden in den Himmel. Dieses Leben will gelebt und nicht gedacht werden.
2) Beschäftige dich mit deinem Menstruationszyklus! Weißt du, an welchem Zyklustag du dich aktuell befindest, und was dein Körper deshalb vermutlich gerade braucht? Bring das gerne in Erfahrung, es verbindet dich sehr mit deinem Körper. Wenn du keine Periode (mehr) hast, dann komm in Kontakt mit den Phasen des Mondes. Nach diesen zu leben hat das Leben vieler anderer bereits enorm bereichert.
3) Empfange! Wir sind alle so gut darin, zu geben und aktiv daran zu arbeiten, dass die Menschen um uns herum nichts an uns auszusetzen haben. Heute nicht. Lehn dich zurück und lass dich beschenken.

## ✦ DER HERRSCHER (4) ✦

**MÄNNLICHKEIT, (EIGEN-)VERANTWORTUNG, STRUKTUR**

### Bildsprache

Männlichkeit regiert! Und damit ist nicht der Mann an sich gemeint, sondern vor allem die der Männlichkeit zugewiesenen Attribute wie Durchsetzungsfähigkeit, Struktur, Umsetzung, Handeln und Autorität. Wenn wir in den Spiegel blicken, sehen wir eine prächtig geschmückte, auffällige, königliche Krone. Es geht dabei nicht um unser Ego: Wir dürfen uns diese Krone im Dienste aller aufsetzen, Stärke und vielleicht sogar Dominanz walten lassen, um unseren Visionen durch Tatkraft ein großes Stück näher zu kommen. Der Mond, der die Spitze der Krone ziert, hilft uns dabei, keine rein weltlichen, statusbasierten Motive zu verfolgen, sondern uns durch unsere Intuition und tiefsten Werten leiten zu lassen.

### Interpretation

Große Ereignisse werfen ihre Schatten voraus. Deshalb kann es jetzt nötig sein, dass du dich auf deinen Hosenboden setzt, kluge Pläne schmiedest und diese anschließend beständig und unbeeindruckt von äußeren Einflüssen umsetzt. Es kann hier um ein wichtiges Projekt gehen, den Umgang mit anderen Menschen oder berufliche Veränderungen. Wichtig ist in jedem Fall, dass du zu dir und deinen Ansichten stehst und diese bestimmt, aber dennoch fair durchsetzt. Wenn diese Karte ihren Weg zu dir findet, geht es nicht darum, auf Biegen und Brechen alles durchzusetzen, was dir in den Sinn kommt, und damit über Leichen zu gehen, sondern darum, Ziele zu verfolgen und Schritte zu planen, die langfristig klug sind, und zu überlegen, wie du in diesem Sinne am besten deinen Kurs hältst. Du bist in einer Lage, in der es erforderlich ist, dass du Verantwortung übernimmst – vor allem für dich selbst – und dich als Autorität behauptest. Übernimm das Ruder und gehe mit Selbstbewusstsein an, was dir richtig und wichtig erscheint.

**Fragen**

In welchen Bereichen meines Lebens ist es Zeit, voll und ganz für mich selbst einzustehen? Gibt es Momente, in denen ich meine Grenzen missachte? Wie kann ich meine Grenzen besser schützen? Was ist meine Vision für mich, mein Leben, die Welt?

**Nächste Schritte**

1) Werde radikal ehrlich zu dir! Wie würde ein selbstsicherer, unbeirrbarer, klarer und fairer Herrscher mit deiner aktuellen Situation umgehen? Was hält dich davon ab, es ebenso zu tun?
2) Schaffe Struktur! Was auch immer dir hilft, deine Pläne zu konkretisieren, steht jetzt hoch im Kurs: sind es vielleicht To-do-Listen, Wochen-, Monats-, oder Jahrespläne?
3) Achte deine Grenzen! Es ist nicht egoistisch, für dich selbst einzustehen und dir bewusst zu machen, wann du oder andere zu viel von dir verlangen. Du bist wichtig.

## ✦ DER HIEROPHANT (5) ✦

**LEHRE UND LERNEN, GESELLSCHAFTLICHE STRUKTUREN, WEITERENTWICKLUNG**

### Bildsprache

Der Hierophant ist ein großer Lehrmeister, der die traditionellen Werte aller Kulturen und Gesellschaften kennt und zugleich das Wissen um das Spirituelle und Zwischenmenschliche in sich vereint. Er reicht uns hier zwei Schlüssel, mit deren Hilfe wir das Leben verstehen können. Sie symbolisieren das Gegensätzliche, das zu dieser Welt gehört: das Außen und das Innen, das Gute und das Böse, das Weltliche und das Spirituelle, das Leichte und das Schwere. Wir, als Schüler und Schülerinnen des Lebens, wissen nie genau, welchen Schlüssel wir gerade wirklich brauchen und welcher in unser aktuelles Schloss passt. Wir werden in dieser Karte aber mit den Eichenblättern symbolisiert, die für Stärke, Mut und Macht stehen und sind somit gewappnet für alle anstehenden Lektionen. Der Mond verbindet uns mit unserer inneren Weisheit, während die rot gefärbten Blätter ein Hinweis auf Leidenschaft, aber auch weltliche Versuchungen sind.

### Interpretation

Wenn du diese Karte gezogen hast, ist die Zeit günstig für deine persönliche Weiterentwicklung. Offensichtlich gibt es für dich etwas zu lernen, tiefer zu verstehen oder weiterzuentwickeln, und genau darauf darfst du nun deinen Fokus lenken. Die kommende Zeit könnte für dich im Zeichen der Erkenntnisse stehen. Bist du bereit, dir selbst und anderen auf eine völlig neue Art und Weise zu begegnen? Es gibt Momente im Leben, da geht es darum, den

Input bewusst ganz klein zu halten, um zur eigenen Weisheit zurückfinden, jetzt aber könnte es für dich wichtig sein, diese innere Weisheit mit den Lehren der Welt, mit vorherrschenden Regeln und Ansichten zu verbinden, um damit etwas Wichtiges für dich und eventuell auch für andere zu bewegen. Dein Horizont kann sich nun deutlich erweitern, und Dinge können sich nun zu einem Gesamtbild fügen, dessen unterschiedliche Teile dir vorher gar nicht bewusst waren.

**Fragen**
Was kann ich aus dem Weltgeschehen lernen? Vor was auf der Welt verschließe ich eventuell gerade meine Augen? Ist es an der Zeit, sie mal kurz zu öffnen, um meine Perspektive zu erweitern? Was möchte ich erleben, erfahren, erlernen? In welchen Situationen bin ich Lehrer*in und in welchen Schüler*in? Ist es Zeit, die Positionen vielleicht einmal zu verändern?

**Nächste Schritte**
1) Lass dich inspirieren! Bücher, Filme, Dokumentationen, Kurse und Menschen, die Welt ist voll von interessanten Themen. Such dir aus, was dich anspricht und lerne dazu.
2) Verbinde Altes und Neues! Wie kann das, was du früher gelernt hast von dem profitieren, was du noch nicht kennst und umgekehrt? Nun ist eine gute Zeit, Tradition und Moderne, altes und neues Wissen und Regeln mit Rebellion zu verbinden.
3) Hinterfrage Selbstverständlichkeiten! Es ist eitel und dumm zu glauben, dass alles richtig ist, weil es schon immer so war. Stelle dich und den Status quo regelmäßig auf den Prüfstand, denn: Veränderung ist die einzige Konstante im Leben.

## ✦ DIE LIEBENDEN (6) ✦

**PARTNERSCHAFT, ENTSCHEIDUNG, DUALITÄT**

### Bildsprache

Hat hier jemand Valentinstag gesagt? Ob du diesen Tag nun magst oder nicht, eines ist klar: Diese Karte könnte ohne Probleme im Regal neben all den romantischen (oder kitschigen?!) Karten stehen, die wir rund um den 14. Februar jährlich zu sehen bekommen. Es ist ganz eindeutig, dass es hier um Liebe geht. Außerdem um Verbundenheit, um Harmonie, um Einheit, darum, sich ein aufeinander einzulassen. Der Apfel symbolisiert Fruchtbarkeit, aber auch Versuchung und Verführung (wenn man nur an den biblischen Garten Eden denkt).

### Interpretation

Liebe, Liebe überall. Das könnte der Leitspruch dieser Karte sein, die dich hier gefunden hat. Die Liebenden symbolisieren eine Einheit, die aus zwei unterschiedlichen Polen besteht und dadurch umso tiefer wird: Das kann eine romantische Gelegenheit sein, eine Verliebtheit, eine Partnerschaft, vielleicht aber auch eine tiefe berufliche Verbindung oder eine bestimmte Freundschaft, die in deinem Leben gerade besondere Bedeutung hat. Nun ist ein guter Zeitpunkt, um dich zu fragen, mit wem du am liebsten zusammen bist und wer dieser eine besondere Mensch ist, auf den du deinen Fokus richten darfst. Geht es darum, sich noch mehr zueinander zu bekennen oder eher darum, die Beziehungsdynamiken neu auszuloten? Unter Umständen wird auch eine Entscheidung von dir gefordert, denn echte, tiefe, langfristige Verbindungen kann es für uns nur geben, wenn wir uns voll und ganz in Offenheit und Ehrlichkeit aufeinander einlassen. In manchen Fällen geht es bei der Karte der Liebenden auch um die Beziehung zu dir selbst. Wie auch immer und wer auch immer: Es geht um Liebe, um authentische, mutige Verbindungen und deine Rolle dabei. Bist du bereit für die Liebe?



### Fragen

An wen denke ich zuerst, wenn es in meinem Leben um »die Liebenden« geht? Wie ist das Verhältnis zu dieser Person und warum? Welche Sehnsucht, welche Gedanken, welche Ängste stecken dahinter? Wie stehe ich zu mir selbst? Gibt es Facetten, die ich verurteile und versuche beiseitezuschieben? Empfinde ich Liebe mir selbst gegenüber? Kann ich mich für die Liebe und damit für Verletzlichkeit, Nähe und Ehrlichkeit öffnen?

### Nächste Schritte

1) Priorisiere zwischenmenschliche Beziehungen! Sollten emotionale Verbindungen in letzter Zeit schwierig gewesen sein oder dir gefehlt haben, ist nun genau der richtige Augenblick, um dich noch intensiver damit zu beschäftigen. Mach diesen einen Anruf, führe das Gespräch, misch dich aktiv unter Menschen, und sei offen für alles, was da kommen mag.
2) Triff eine Entscheidung! Bist du bereit, dich hundertprozentig auf die Menschen in deinem Leben einzulassen und können diejenigen, die du liebst, sich auch zu dir bekennen?
3) It's an inside job! Fang bei dir selbst an, indem du dich fragst, wie viel Liebe du *dir* zukommen lässt! Bist du aufmerksam deinen Bedürfnissen gegenüber, achtest und respektierst du dich?

## ✦ DER WAGEN (7) ✦

**TATKRAFT, ERFOLG, BEWEGUNG**

### Bildsprache

Wir positionieren uns in einem (Streit-) Wagen, der sogar etwas an ein Himmelbett erinnert. Aber halt, geschlafen wird jetzt nicht! Denn wir können mit diesem sicheren, festen, einladenden Gefährt unter den Füßen unseren Träumen, Wünschen und Ansichten gestärkt und gezielt entgegenfahren. Wir haben schon einige Kämpfe gewonnen und viele Hindernisse überwunden und alles Recht der Welt, stolz auf uns zu sein. Für weitere Etappen auf unserem Lebensweg sind wir gut gewappnet. Mit dem Schutz des Mondes und der Sterne über uns steht zukünftigen Unternehmungen nichts mehr im Weg.

### Interpretation

Diese Karte kommt zu dir, um dich an die Mission zu erinnern, die du auf dieser Erde hast. Es ist an der Zeit, dir bewusst zu machen, was dir wirklich wichtig ist und wofür du dich starkmachen möchtest. Du hast viele Stationen in deinem Leben bereits gemeistert, hast unglaubliche Hürden bewältigt und bist heute klüger, stärker und erfahrener als jemals zuvor. Was also gedenkst du zu tun? Nun ist nicht die Zeit, dich zu verstecken, kleinzumachen oder anzupassen. Ganz im Gegenteil. Du wirst mit dieser Karte dazu aufgerufen, dich klar in deinem Leben zu positionieren, dich von der Vergangenheit stützen und tragen zu lassen und mit diesem Wind im Rücken deine Zukunft zu gestalten. Du bist dazu bestimmt, dein Leben und all seine Möglichkeiten maximal auszuschöpfen. Tu es!

**Fragen**

Welche kurz- und langfristigen Ziele möchte ich erreichen? Was würde ich heute tun, wenn es einfach wäre? Welche Schritte schiebe ich auf? Welche Entscheidung möchte von mir getroffen werden?

**Nächste Schritte**

1) Blicke mit Stolz zurück! Egal, was in deiner Vergangenheit passiert ist: Du kannst dir auf die Schulter klopfen, bis hierhin gekommen zu sein und genau das als Antrieb und Bestätigung ansehen für alles, was da noch kommen mag.
2) Schaffe Klarheit! Was ist dir heute wirklich wichtig und welche Wünsche und Bedürfnisse haben sich vielleicht geändert? Wenn du weißt, was du willst, ist es viel leichter, dafür loszugehen.
3) Werde aktiv! Zerdenken und Grübeln sind out, handeln, einfach mal machen und Fehler riskieren sind in. Dir kann nichts passieren.

## ✦ DIE KRAFT (8) ✦

**STÄRKE, MUT, SELBSTVERTRAUEN**

### Bildsprache

Ein Löwe, der uns direkt in die Augen blickt? Normalerweise wäre dies vermutlich ein Grund, sofort das Weite zu suchen. Aber wenn wir genauer hinsehen, erkennen wir: Das wilde Tier sieht gar nicht so wild aus. Es sieht uns direkt in die Augen, ruhig und zahm. Über ihm die Sterne und der Planet Saturn, der in der Astrologie für Regeln, Strukturen und Grenzen steht. Wie haben wir es geschafft, ein so gefährliches Tier zu bändigen?

### Interpretation

Hier erreicht dich eine äußert kraftvolle Karte, wie der Name schon sagt. Du darfst deinen Ängsten direkt in die Augen blicken und erkennen, dass sie womöglich gar nicht so furchterregend sind. Angst ist ein grandioser Wegweiser, eine kluge, innerliche Schutzinstanz, aber wenn wir uns nur von ihr leiten lassen, ist unser Leben schnell von dunklen Schatten umgeben, die uns gefangen halten. Du musst gar nicht die Peitsche erheben, um dich selbst oder andere unter Kontrolle zu bringen. Mit Güte, Mut, Geduld und Zuversicht erreichst du jetzt am meisten. Wer hätte gedacht, dass man einen Löwen bändigen kann? Dafür fühlst du dich vermutlich zu unerfahren, zu unbeholfen, zu … ängstlich. Aber sieh hin: Wenn diese Karte zu dir kommt, hast du es geschafft oder bist kurz davor, es zu schaffen. Du hast mehr Kraft, als du denkst.

**Fragen**
In welchem Lebensbereich kann es mir nicht schnell genug gehen? Wo bin ich ungeduldig und habe vielleicht zu wenig Vertrauen in mich und ein gutes Ergebnis? Wie definiere ich Stärke und Kraft? Kann ich meine animalische Seite mit meinem Verstand verbinden? Wo leitet mich gerade Angst?

**Nächste Schritte**

1) Definiere Kraft neu! »Höher, schneller, weiter« mag das Motto einiger sein, muss von dir aber nicht blind übernommen werden. Wann fühlst du dich wirklich stark?
2) Übe dich in Mitgefühl! Die wildesten Tiere bändigt man nicht mit Schlägen, sondern mit Liebe und Zugewandtheit. Mit dir selbst und anderen genauso vorzugehen kann nur Vorteile haben.
3) Mach dich auf Überraschungen gefasst! Dass du es schaffst, einen Löwen zu bändigen, erscheint dir erst einmal ziemlich unwahrscheinlich? Diese Karte ist trotzdem zu dir gekommen! Vielleicht warten unverhoffte, positive Wendungen?

## ✦ DER EREMIT (9) ✦

**RÜCKZUG, INNENSCHAU, ABGESCHIEDENHEIT**

### Bildsprache

Wir halten uns fest an einer Laterne, die hell leuchtet. Wir sind vollkommen allein, nur für uns. Die Nacht umhüllt uns schützend und gibt uns Raum, mit uns selbst zu sein – ganz unabhängig vom Lärm und der grellen Helligkeit der Welt.

### Interpretation

Der Eremit ist ein Einsiedler, am liebsten für sich. Er kommt immer dann zu dir, wenn es Zeit ist, zur Ruhe zu kommen und ganz, ganz still zu werden. Du bist dazu aufgefordert, jetzt einen Platz der Erholung und des Rückzugs in dir selbst zu schaffen. Und eines kann ich dir mit absoluter Sicherheit versprechen: Je mehr es dich nervt, dass du diese Karte erhältst, desto wichtiger ist sie für dich. Oft kommt die Karte des Eremiten gerade in Zeiten, wo wir neue Pläne schmieden, neue Projekte angehen oder besonders viel auf einmal wollen. Gerade dann kann das Allerbeste sein, sich wieder auf sich selbst zu besinnen, das Gefühl der Sicherheit nicht aus äußeren Faktoren, sondern vor allem aus einer inneren Souveränität zu beziehen. Lass die Welt mal kurz die Welt sein. Was du findest, wenn du dir im Spiegel einige Zeit selbst in die Augen geblickt hast, kannst du im Anschluss viel nachhaltiger, wertvoller und nährender mit in zukünftige Unternehmungen nehmen.

**Fragen**

Was höre ich, wenn alles um mich herum still ist? Kann ich die Stille gut ertragen? Mit welchen Dingen oder Menschen lenke ich mich am liebsten ab? Was vermeide ich damit? Wo liegt gerade der Fokus in meinem Leben: bei mir oder anderen?

**Nächste Schritte**

1) Meditiere! Es gibt so viele verschiedene Arten der Meditation, du musst nicht einmal nur still dasitzen und deinem Atem lauschen. Du kannst auch im Gehen meditieren, im Bett direkt nach dem Aufstehen oder indem du schöne Musik anmachst und eine flackernde Kerze beobachtest. Die Hauptsache: Nimm dir in Ruhe Zeit für dich und deine Gedanken.
2) Zieh dich zurück! Vielleicht verlegst du wichtige Gespräche oder Unternehmungen, die du geplant hattest, ein wenig? Auch ein Rückzug von den sozialen Medien und deinem E-Mail-Postfach kann sicherlich helfen, innerlich ruhiger zu werden.
3) Stell dich dem Alleinsein! Verdrängte Gefühle kommen meist hoch, wenn wir allein sind. Umso wichtiger, regelmäßig ganz bei dir zu sein. Vergiss nicht: Du bist dann vielleicht allein, aber nicht einsam. Die Menschen, die du liebst, sind weiterhin da, auch wenn du einfach mal nur mit dir selbst bist.

# DAS RAD DES SCHICKSALS (10)

**ZYKLEN DES LEBENS, KONTROLLLOSIGKEIT, HINGABE**

## Bildsprache

Eine schlafende Katze auf einem schwebenden Rad? Na, wenn das mal nicht schiefgeht. Das Rad könnte sich schließlich jederzeit in die eine oder andere Richtung drehen oder gar vom Himmel fallen und auf den Boden stürzen. Die Katze ahnt entweder nichts von der drohenden Gefahr oder hat tiefes Vertrauen, dass die ganze Sache so oder so schon gut gehen wird.

## Interpretation

Diese Karte ist eine Erinnerung daran, dass im Leben nichts für immer ist. Egal, wie gut es dir gerade geht, wie perfekt alles läuft und wie überschwänglich du dich fühlst. Es vergeht. Und das ist gut so. Weißt du nämlich, was das im Umkehrschluss ebenso bedeutet? Zum einen, dass auch die schlechten Momente vergehen. Die Tage, an denen du am liebsten alles hinwerfen willst, und die schmerzvollen Augenblicke, sie gehen vorüber. Zum anderen aber bedeutet es auch, dass du loslassen darfst. Fühle die guten und die schlechten Dinge, aber lass sie dann auch (dankbar) vorüberziehen. Denn alles ist dynamisch, immer in Bewegung. Alles kommt und geht. Und deine einzige Aufgabe ist, dich hineinzuwerfen, zu leben, zu fühlen, zu erfahren und zu sein und dann genau das Gleiche von vorne zu tun.

**Fragen**

Erkenne ich, wie schön es sein kann, keine Kontrolle zu haben? Bin ich bereit, die schönen und schlechten Momente loszulassen? Was kann ich heute tun, um mich dem Leben stärker hingeben zu können? Was lässt dich entspannen?

**Nächste Schritte**

1) Akzeptiere die Zyklen des Lebens! Sie anzuerkennen und zu nehmen, wie sie kommen, kann dir in guten und vor allem schlechten Momenten Kraft geben. Es lohnt sich nicht, sich vom Status quo abhängig zu machen.
2) Besinne dich auf deinen Kern! Unabhängig von allem, was draußen in der Welt und um dich herum passiert, gibt es eine ruhige, innerliche, weise Instanz in dir, die die Zyklen des Lebens schon lange kennt und akzeptiert hat. Finde deshalb regelmäßig Ruhe in dir und identifiziere dich nicht zu sehr mit deinen Erfolgen, Misserfolgen, deinen Errungenschaften und deinem Scheitern.
3) Lebe diesen Moment! Alles, was du hast und jemals haben wirst, ist dieser Moment. Deswegen schau dich einmal um, wertschätze, was du alles hast und wisse, dass es nur ein kurzes Innehalten ist, bevor sich das Rad weiterdreht.

## ✦ DIE GERECHTIGKEIT (11) ✦

**BLICK VON AUSSEN, FAIRNESS, VERANTWORTUNG**

### Bildsprache

Links die Sonne mit ihrer strahlend hellen Energie, die sie stets zum Zentrum allen Lebens macht, rechts der Mond mit seiner gefühlvollen Wechselhaftigkeit, den wir nur bei Nacht, wenn alles schläft, hell erleuchtet sehen. Zwei gegensätzliche Pole, zwei unterschiedliche Weisen des Seins und in der Mitte die goldene Waage, die sich uns dank eines geöffneten Vorhangs offenbart. In diesem Moment sind beide Seiten perfekt ausgependelt. Statisch sieht das Ganze allerdings nicht aus.

### Interpretation

Du bist dazu aufgerufen, eine gewisse Objektivität zu entwickeln. Vielleicht geht es dabei um einen eigenen Konflikt, eventuell betrifft es aber auch andere Menschen, denen du mit deiner Fähigkeit, das große Ganze zu sehen, helfen kannst. Wenn wir Dinge aus der Vogelperspektive sehen, erkennen wir plötzlich einen übergeordneten Sinn. Wir sind imstande, auch oppositionelle Ansichten nachzuvollziehen und können Streitigkeiten, Unverständnis und jede andere Form von Disharmonie beiseiteschieben. Es gibt im Leben niemals nur Schwarz und Weiß, nur Richtig oder nur Falsch. Alle Optionen müssen gegeneinander abgewogen werden, möglichst ohne egoistische Belange mit einfließen zu lassen. Nur dann findet man Lösungen, die für alle in Ordnung sind und einem Kollektiv dienen. Falls du also gerade einen Tunnelblick hast und dich lediglich auf deinen Standpunkt fokussierst, ist jetzt der richtige Zeitpunkt, auch mal andere Möglichkeiten, Sicht- und Handlungsweisen mit einfließen zu lassen.



### Fragen

Ist es mir (zu) wichtig, Recht zu haben? Wie sehr bin ich wirklich imstande, Meinungen, die von meiner eigenen abweichen, zuzulassen? Sehe ich gerade das große Ganze? Was ist der übergeordnete Sinn?

### Nächste Schritte

1) Sei wie ein Vogel! Löse dich von deinem eigenen kleinen Weltbild und schau dir deine Situation mal von oben an. Um was geht es wirklich?
2) Hol dir eine andere Meinung ein! Oft kann es helfen, mit jemand anderem über eine bestimmte Sache zu sprechen, die uns beschäftigt. Das erweitert unseren Blick und öffnet uns für unterschiedliche Ansichten.
3) Übernimm Verantwortung! Du bist Teil eines großen Ganzen und spielst darin eine wichtige Rolle. Was kannst du also heute tun, um die Gesellschaft oder das Umfeld, in dem du lebst, für alle schöner zu machen?

## ✦ DER GEHÄNGTE (12) ✦

PERSPEKTIVWECHSEL, ENTSPANNUNG, AKZEPTANZ

**Bildsprache**

Mit dem Fuß an einen Baum gefesselt? Oje, das sieht nach einer misslichen Lage aus, oder? Wenn wir einen Moment länger hinsehen, können wir erkennen, dass der zu sehende Fuß eigentlich ganz locker und entspannt hängt. Es könnte sich auch um eine Yoga-Übung oder eine andere Art von körperlich-spiritueller Praxis handeln. Der Baum wird dann zum sicheren Halt, schützt uns vorm Fallen oder vor Verletzungen. Was für uns zunächst gefährlich oder ungewiss aussieht, wird zum Ort der Entspannung.

**Interpretation**

Dreh deine Welt mal auf den Kopf und schau, was es zu sehen gibt, wenn du dich mal so richtig hängen lässt. Diese Karte ist zu dir gekommen, um dich daran zu erinnern, dass du mit Honig sehr viel mehr Fliegen fängst als mit Essig. Warum denn ständig dieses Abkämpfen, dieses Lösungen suchen, dieses verzweifelte Unterwegs- und Beschäftigtsein? Nun kann ein guter Zeitpunkt sein, um die Dinge mal mit Spaß und einer gewissen Leichtigkeit zu sehen. Mit Ernstsein verbringen wir ohnehin den größten Teil unserer Zeit, warum nicht mal über die Verrücktheiten des Lebens lachen und einen Kopfstand machen? Mit ein wenig Abstand erscheinen die Dinge plötzlich ganz anders, am Ende sogar irgendwie lustig. Sterbende bereuen oft am meisten, dass sie viele Dinge so verbissen und ernst genommen haben. Heute ist also ein guter Tag, es mal anders zu machen.

## Fragen

In welchem Lebensbereich lache ich am wenigsten? In welchem am meisten? Was kann ich vom einen Lebensbereich auf den anderen übertragen? Habe ich heute schon meinen Körper bewegt? Wann war das letzte Mal, dass ich die Welt aus einer anderen Perspektive gesehen habe?

## Nächste Schritte

1) Beweg dich! Entspanntes Denken beginnt oft in neuer Perspektive: Stell dein Zimmer um, park dein Auto woanders, dreh dich auf deinem Bürostuhl einmal im Kreis und mach einen Purzelbaum auf dem Sofa. Ehrlich! Mach das!
2) Werde ruhiger! Denk mal an die Situation, wenn dich eine Wespe attackiert. Du siehst sie, flippst aus, sie wird aggressiv und sticht dann zu. Viel eher ist dir geholfen, wenn du ruhig bleibst, dich ganz langsam bewegst und dich unauffällig von ihr entfernst. So ist das auch oft sonst im Leben.
3) Morgen ist auch noch ein Tag. Manchmal hilft nur machen, manchmal hilft nur lassen. Heute ist Letzteres angesagt.

## ✦ DER TOD (13) ✦

**LOSLASSEN, ENDE, ABSCHIED**

### Bildsprache

Der Rabe steht für Weisheit. Er hat in vielen Geschichten und Legenden die Fähigkeit, seine Gestalt zu verändern und zwischen der irdischen und göttlichen Welt zu wechseln. Er thront auf einer Glaskugel, in der Sterne und der Planet Saturn zu sehen sind, der für Regeln, Strukturen und auch Grenzen steht. Für den Raben selbst gelten diese Grenzen unserer kleinen Welt nicht, er steht im wahrsten Sinne des Wortes über den Dingen und verkörpert damit auf perfekte Weise den Tod. Aber da, wo Leben endet, erblüht auch immer wieder neues Leben, wie wir an den rot leuchtenden Rosen erkennen können.

### Interpretation

Keine Angst, keine Angst, es wird niemand sterben. Darum geht es bei dieser Karte überhaupt nicht. Obwohl *etwas* definitiv sterben soll. Was ist das in deinem Leben? Ist es eine alte Ansicht? Ein längst überholter Lebensabschnitt? Ist es eine zwischenmenschliche Beziehung, die du endlich loslassen darfst oder ein gewisser Wunsch, dessen Erfüllung dich in Wahrheit überhaupt nicht glücklich machen würde? Was auch immer es ist, es ist an der Zeit, dich von etwas zu verabschieden, was nun einfach keinen Platz mehr in deinem Leben hat. Das kann schwer sein und ist wie der Tod oft mit Schmerz, Trauer oder Angst verbunden. Das ist okay. Gib dir Zeit für diesen Prozess und mach dir bewusst, dass Loslassen oft nicht angenehm ist, dafür aber notwendig und zum Leben dazugehört. Mit allem, was du loslässt, schaffst du Platz für

Neues, das besser zu dir passt, dich wirklich glücklich macht und zu dir gehört. Das Leben ist ständige Transformation, alles verändert sich. Nun ist ein guter Zeitpunkt, das zu erkennen, zu verinnerlichen und danach zu leben.



### Fragen

Was ist das Schlimmste, was passieren kann, wenn ich diese Sache oder diesen Menschen, die/der mich unglücklich macht, loslasse? Vor was habe ich wirklich Angst? Welche Sache möchte ich endlich beenden, um Raum für Neues zu schaffen? Von wem oder was sollte ich mich verabschieden?

### Nächste Schritte:

1) Mache Inventur! Was in deinem Leben möchtest du behalten? Was passt nicht mehr? Es ist Zeit auszusortieren.
2) Trauere! Wir müssen fühlen dürfen, was wir fühlen, um gesund und glücklich weitermachen zu können. Erlaube dir also auch Tränen, Wut oder Angst. Dir hat das, was du nun loslässt, irgendwann sicher mal viel bedeutet, gib dem Raum.
3) Sieh die Möglichkeiten! Was kann entstehen, wenn du mehr Platz in deinem Kopf, deinem Herzen und deinem Alltag hast? Wo entstehen vielleicht mehr Zeit und Energie, weil du losgeworden bist, was gar nicht mehr gepasst hat?

## ✦ DIE MÄSSIGKEIT (14) ✦

**GEDULD, ABWÄGEN, BALANCE**

### Bildsprache

Zwei Kelche, die im Tarot klassischerweise unsere Gefühle verkörpern, stehen im Wasser, das ebenfalls die Gefühlswelt darstellen soll. Das Wasser, das in beiden Kelchen enthalten ist, schwappt auf magische Weise von einem Kelch in den anderen, ohne in die Hand genommen und bewegt zu werden. In hohem Bogen ergießt sich ein Wasserschwall in den anderen und wieder zurück. Es ist, als wären wir Zuschauer eines zauberhaften Treibens, das ganz ohne unser ständiges Zutun herrscht. Ist es Zeit, die Kontrolle abzugeben?

### Interpretation

Du hast Zeit! Alle Zeit der Welt sogar. Das ist wohl *die* Hauptnachricht an dich, wenn dich diese Karte erreicht. Du darfst in dich gehen, deine Gefühle ordentlich hin- und herschwenken, überlegen, was du wirklich willst und wo es in Zukunft für dich hingehen soll. Kann es sein, dass du aktuell erst einmal etwas verarbeiten musst, bevor du einfach weitermachst? Es ist gar nicht nötig, sofort eine Entscheidung zu treffen. Ganz im Gegenteil. Du darfst dich zurücklehnen und in Ruhe mit dir selbst ausmachen, um was es eigentlich gerade geht. Bei dieser Karte geht es auch oft um Alchemie, also die Fähigkeit, verschiedene Dinge miteinander zu vermischen, um damit etwas völlig Neues zu erschaffen. Auch das geht am besten mit viel Geduld und der puren Freude am Prozess. Sich nur am Ergebnis zu orientieren oder sich auf einen einzigen Weg zu konzentrieren, mag effizienter erscheinen, ist aber auch oft ein Ticket für Unzufriedenheit, Ungeduld und Stillstand.

### Fragen

Stehe ich (innerlich) unter Zeitdruck? Wer macht mir diesen Druck? Warum? Ist er wirklich nötig? Welche Eindrücke der letzten Zeit möchten jetzt verarbeitet werden? Welche Dinge kann ich verbinden, um daraus etwas Neues, Besseres entstehen zu lassen? Welche verschiedenen Wissensimpulse geben vielleicht erst gemeinsam so richtig einen Sinn?

### Nächste Schritte

1) Mische, mixe, verbinde! Kreativität wird jetzt belohnt. Nimm Meinungen, Wissen und Möglichkeiten und mache aus ihren verschiedenen Teilen dein eigenes Ganzes. Es gibt niemals nur einen Weg und deiner sieht hundertprozentig anders aus als jeder andere.
2) Weg mit dem Druck! Wir glauben oft, wir müssten Dinge jetzt sofort tun, sonst könnte diese einmalige Chance verstreichen. Das Problem dabei ist, dass wir irgendwann nur noch handeln, aus Angst etwas zu verpassen (»FOMO«). Keine gute Basis für ein zufriedenes Leben.
3) Finde Kompromisse! Von welchen starren Vorstellungen kannst du jetzt ablassen? Es ist kein Zeichen von Schwäche, Kompromisse einzugehen. Ganz im Gegenteil, wenn du spürst, dass dein Stolz dich an deiner Meinung festhalten lässt, ist jetzt ein guter Zeitpunkt, um mal über den Tellerrand hinauszublicken.

## ✦ DER TEUFEL (15) ✦

### ABHÄNGIGKEITEN, SÜCHTE, VERSUCHUNGEN

**Bildsprache**

Die Blumen, die auf einigen Bildern rot und leuchtend dargestellt werden, sind hier zu einem gedeckten Braun verblasst. Sind sie vom Teufel verbrannt worden, oder verspricht er uns, sie wieder strahlen zu lassen? Die Teufelsgestalt erinnert an den Totenkopf einer Gazelle, die langen Hörner, die von beiden Seiten abstehen, weisen aber auf jeden Fall in Richtung des Fürsten der Hölle. Umgeben von Feuer und der süßen Versuchung einer Beere sind wir nun aufgefordert, eine vielleicht folgenschwere Entscheidung zu treffen: Gehen wir den Deal mit dem Teufel ein, oder lassen wir ihn abblitzen?

**Interpretation**

Ein bisschen gehen lassen, ein wenig den süßen Versuchungen des Lebens nachgeben, noch ein kleines bisschen mehr: Ist doch nichts dabei, oder? Wenn diese Karte zu dir kommt, kann man diese Frage nicht mehr ganz so sicher mit »Nein« beantworten. Es ist Zeit, dir einmal genau anzuschauen, welche Dinge du tust, sagst, isst, trinkst und denkst, die dir zwar kurzfristig Befriedigung verschaffen, langfristig allerdings sehr ungesund sind. Manche der Dinge, die uns nicht guttun, schleichen sich ganz leise und Stück für Stück in unseren Alltag ein. Sei es das »klitzekleine bisschen« zu lang am Smartphone hängen, sich »nur ab und zu mal« ungesundes Zeug reinzuschieben oder die »netten« Gespräche mit Menschen, nach denen du dich immer irgendwie wie von deinem Weg abgekommen fühlst oder der sich täglich wiederholende »lockere« Gang ins Fitnessstudio, um ja nicht die Kontrolle über deinen Körper zu verlieren. Dein schlechtes Gewissen zeigt dir nicht immer, aber oft den Weg. Die wenigsten Deals mit dem Teufel sind wirklich in deinem Sinne. Zeit, Verantwortung zu übernehmen.

### Fragen

Nach welchen Aktivitäten fühle ich mich ungut? Was gibt mir ein mieses Gefühl? Wovon kriege ich niemals genug? Bei welchen Dingen fühle ich mich verzweifelt und aufgeschmissen, wenn man sie mir nehmen würde?
Was fällt mir sofort ein, wenn ich mir überlege, was ich eigentlich nicht mehr so oft machen wollte? Wo drücke ich schon viel zu lange ein Auge zu? Nach was bin ich süchtig? Wie kann ich besser mit mir, meiner Seele, meinem Körper, meinen Liebsten und allem anderen umgehen?

### Nächste Schritte

1) Mach dich unabhängig! Es ist okay, bestimmte Menschen oder Dinge zu brauchen. Aber nach etwas süchtig zu sein und dich exzessiv darin zu verlieren? No way!
2) Ändere Routinen in kleinen Schritten! Du musst nicht zwangsläufig hart und rigoros mit dir umgehen, um dich frei(er) zu machen. Ersetze, was dir nicht guttut, nach und nach und ganz langsam durch andere, für dich gesündere Alternativen und höre immer in dich hinein, was du gerade wirklich brauchst.
3) Tu dich mit anderen zusammen! Zu sagen »Wow, da hab ich in letzter Zeit ganz schön übertrieben. Wie geht's dir damit? Hast du Ideen, wie ich da besser werden kann?« fördert nicht nur die Verbundenheit, sondern kann allen Beteiligten die Augen öffnen und helfen, besser mit ungesunden Mustern zurechtzukommen.

## ✦ DER TURM (16) ✦

**ZERSTÖRUNG, KRISE, TOTALE VERÄNDERUNG**

### Bildsprache

Der Himmel ist schwarz, ein heftiges Unwetter, Blitze überall. Und mittendrin ein einsamer Turm, der einzustürzen droht. Der obere Teil hat Feuer gefangen, die Klippen können das Fundament vermutlich nicht mehr lange halten. Die große Frage ist nun nur noch, ob und wie wir uns vor dieser Katastrophe retten können.

### Interpretation

Wow, hier kommt eine der transformativsten Karten überhaupt zu dir. Der Turm wirft alles um. Wenn er sich auf den Weg zu dir macht, dann ist es Zeit, der Wahrheit in die Augen zu blicken, so hart sie auch für dich sein mag: Es muss sich etwas verändern. Vielleicht ist da ein Zustand in deinem Leben, den du schon zu lange ertragen und ausgehalten hast, vielleicht möchtest du eine bestimmte Tatsache nicht wahrhaben und zögerst eine Entscheidung heraus. Nun aber ist genau die richtige Zeit, mutig zu sein und das kommen zu lassen, was sich da offenbar schon seit langem anbahnt. Diese Zustände sind, sosehr sie uns auch vor Angst schaudern lassen mögen, die größten und tollsten Chancen in unserem Leben.
Meine aktuelle Jahreskarte beispielsweise ist der Turm. Ich habe in diesem Jahr eine Ehekrise, freundschaftliche Krisen, berufliche Krisen und große gesellschaftliche Krisen durchlebt (Hallo 2021), aber ich sitze nun ebenso an meinem ersten Buch, bei dem der Verlag auf *mich* zugekommen ist, habe bessere Freundschaften

als jemals zuvor, werde bald ein Unternehmen gründen und kann sagen, dass meine Ehe so schön ist wie noch nie. Der Turm wirft alles um und lässt keinen deiner Steine auf dem anderen stehen, aber er bringt auch ein schöneres, echteres, erfüllenderes und besseres Leben zu dir.

### Fragen

Was muss gehen? Was würde ich tun, wenn ich wüsste, dass alles nur besser wird? Welchen Schritt fürchte ich gerade am meisten? Was kommt mir zuerst in den Sinn, wenn ich in meinem Leben an »Zerstörung«, »Krise« und »totale Veränderung« denke?

### Nächste Schritte

1) Augen zu und durch. Kein Warten mehr, kein Abwägen, kein Ausharren. Es ist an der Zeit, für dich und die notwendigen Veränderungen einzustehen.
2) Erkenne das Potenzial der Krise! Egal, in welchem Lebensbereich es gerade heftig ruckelt oder ruckeln wird: Dies ist ein grandioser Boden für eine wunderbare Transformation. Hab Vertrauen und fass dir ein Herz! Wenn der Turm eingestürzt ist, geht es endlich bergauf.
3) Mach dir bewusst, was Stillstand kostet! Du kannst natürlich weitermachen, als wäre alles perfekt. Deine Probleme lassen sich aber leider niemals »wegignorieren«.

## DER STERN (17)

**LICHT AM ENDE DES TUNNELS, HEILUNG, DANKBARKEIT**

### Bildsprache

Das Gewitter hat sich gelegt, der Sturm ist vorübergezogen, und am Himmel erkennen wir die Sterne so hell und leuchtend wie noch nie zuvor. Sie scheinen größer als vorher und erstrahlen in all ihrer Pracht in der dunklen Nacht, die uns umgibt. Einer davon ist besonders hell und könnte so etwas wie unser Fixstern sein, unsere Ausrichtung im Leben. Die Sternenbilder verdeutlichen uns, wie verbunden wir gerade mit dem Universum sind und erscheinen wie eine Landkarte auf dem Himmelszelt. Fühlst du dich auch so behütet und geführt?

### Interpretation

Ich hatte dir versprochen, dass das Licht nach der Zerstörung des Turmes wiederkommt. Hier ist es. Der perfekte Zeitpunkt, um dich umzusehen und zu erkennen, was dich immer noch umgibt: die Menschen, der Ort, an dem du lebst, das Geld auf deinem Konto und all die vielen, banalen Kleinigkeiten eines jeden Tages. Es ist alles noch hier. Egal, durch welche Krise du gehst, wie einsam du dich manchmal vielleicht fühlst und was du durchgemacht hast: Es gibt ein paar Dinge, die erfreuen dich immer, oder? Schau sie dir genau an, hol dir all die Kraft, die du brauchst, und feiere dich dafür, immer wieder durchzuhalten, weiterzumachen und die Sonne aufgehen zu sehen. Sorge gut für dich, klopf den Staub von deinen Schultern und richte dich langsam wieder auf. Auch und insbesondere in Zeiten, in denen die Krise noch tobt. Der Stern ist das, was erscheint, wenn sich der Phönix aus der Asche erhoben hat. Er ist das Nach-Hause-Kommen, nach einem langen, anstrengenden, furchtbaren Tag. Mit seiner Hilfe kannst du dich ausrichten auf eine goldene Zukunft (und die goldenen Anteile der Gegenwart), wenn alles schwierig scheint. Erkennst du deine innere Stärke? Diese Karte erinnert dich daran, heute richtig stolz auf dich zu sein.



### Fragen

Was habe ich in den letzten Wochen alles geleistet? Habe ich mich dafür gefeiert, oder sind diese schönen Momente einfach vergangen? Was gibt mir aktuell am meisten Kraft? Verbringe ich genug Zeit mit dieser Sache oder diesem Menschen?

### Nächste Schritte

1) Feiere dich! Nein, ehrlich. Feiere dich. Das Leben geht so schnell vorüber, und wir warten so oft auf den nächstgrößeren Meilenstein. Egal, wie groß oder klein, es ist Zeit, dich zu feiern.
2) Heile! Nicht ohne Grund ist diese Karte diejenige, die nach dem zerstörerischen Turm kommt. Werde dir bewusst, was du in den letzten Tagen, Wochen, Monaten und Jahren erlebt hast, was dir vielleicht immer noch zu schaffen macht und nimm dir Zeit für deine Heilung.
3) Führe ein Dankbarkeitstagebuch! Ich trage die Momente, die mich mein Leben wertschätzen lassen, jeden Tag ganz unkompliziert in eine App ein. Auch, wenn es noch so klein scheinen mag, kommt es auf diese Liste und erinnert mich daran, wie schön mein Leben ist. Vielleicht auch eine Anregung für dich?

## ✦ DER MOND (18) ✦

**INTUITION, WILDHEIT, UNTERBEWUSSTSEIN**

### Bildsprache

Wie süß ist das denn? Zwei Welpen, so unterschiedlich und doch so gleich, sitzen im Mondschein und lassen sich von der Kraft, der Liebe, der Weisheit und Ruhe des Himmelskörpers bestrahlen. Der Mond leuchtet hell wie die Sonne, macht die Nacht damit zum Tag und spendet den unschuldigen wilden Vierbeinern eine Zeit voller Entdeckungen und Abenteuern. Die sonst so ungestümen, kleinen Wesen werden unter seinem Licht ganz ruhig und lauschen seiner stummen Wahrheit, die alles, was nachts sonst so gut versteckt bleibt, enthüllt und offenlegt. Zeit, die Masken fallen zu lassen und ganz wir selbst zu sein.

### Interpretation

Der Mond enthüllt deine tiefsten Gefühle und wildesten Träume. Er zündet deine Intuition, verbindet dich mit deiner Seele und ist dabei die schützende, bestärkende Mutter, die dich genau so liebt, wie du bist (in den meisten anderen Sprachen ist es »die Mond« und »der Sonne«, weil die Sonne als väterliches Prinzip, der Mond als mütterliches Prinzip gilt). Wenn diese Karte zu dir kommt, solltest du bedingungslos zu dir finden, dich zu deinen unberechenbarsten Gefühlen und deinen beklopptesten Ideen bekennen, im Mondschein tanzen zum Beispiel. Verbinde all deine verschiedenen Facetten und krieche in die Tiefen deines Unterbewusstseins. Der Mond wird ebenso mit unseren Träumen verbunden. Er erinnert dich daran, dass kein Traum zu groß oder zu klein ist, solange er dir wirklich am Herzen liegt. Mit einer vertrauten Person an deiner Seite, die dich ebenso ergänzt wie dir ähnelt, wird jedes aufwühlende Unterfangen erst recht zu einem Ritt Richtung Freude. Und nur darum geht es – egal, ob sich dein Traum am Ende erfüllen wird oder nicht. Wenn es um den Mond geht, sind die Grenzen zwischen Wirklichkeit und Traumwelt manchmal sowieso etwas verschwommen, also komm dir selbst näher und genieße die Reise in dein Herz. Am Ende kann es nur gut werden, und du landest genau dort, wo du hingehörst.

### Fragen

Was sagt mir meine Intuition gerade? In welchem Lebensbereich bin ich aufgefordert, mehr auf meine innere Stimme zu hören? Wie kann ich mehr Mystisches, mehr Spiritualität in mein Leben einladen? Bei welchen Menschen kann ich genau so sein, wie ich bin?

### Nächste Schritte

1) Verbinde dich mit dem Mond! Lerne etwas über seinen Zyklus und wie er Einfluss auf dich nimmt, starte regelmäßige Voll- und/oder Neumond-Rituale. Der Mond hat mehr Kraft als viele Menschen ahnen, er bewegt das Meer und beeinflusst unser Verhalten. Werdet Verbündete!
2) Führe ein Traumtagebuch! Unsere Träume zeigen uns ganz genau, was noch unverarbeitet ist, wovor wir uns fürchten und was unsere tiefsten Sehnsüchte sind. Nimm dir nach dem Aufstehen etwas Zeit, schreibe die Erlebnisse der Nacht auf und lerne, was dir dein Unterbewusstsein sagen möchte.
3) Verbinde dich! Menschen, die dir ganz intuitiv guttun, sind nun besonders wichtig. Sie spiegeln und fördern deine Wünsche und können so wichtiger Bestandteil deines Weges sein.

# ✦ DIE SONNE (19) ✦

FREUDE, KINDLICHKEIT, VITALITÄT

### Bildsprache

Die Sonne schiebt sich hinter den Wolken hervor und erleuchtet mit ruhigem, aber starkem Ausdruck alles, was unter ihr liegt. Sie ist ohne Frage das Zentrum dieser Karte. Unter ihr erblühen Sonnenblumen, die wie sie selbst für das Leben, die Lebensfreude, den Optimismus und das Glück stehen.

### Interpretation

Die Sonne bekämpft jeden Ärger mit Licht und erachtet jedes Problem als willkommene Herausforderung, die man schon irgendwie lösen kann. Sie symbolisiert das Gefühl, schon morgens vor Energie zu strotzen und tausend Ideen für diesen wunderschönen neuen Tag zu haben. Du bist mit dieser Karte dazu aufgerufen, lebensfreudig wie ein kleines Kind zu sein und zu finden, zu tun und sagen, was dich von ganzem Herzen erfüllt. Diese Karte kommt zu dir, um mit dir laut Musik zu hören und in der Küche zu tanzen. Lass dies eine Erinnerung an dich sein, dass selbst nach dem kältesten, dunkelsten, härtesten Winter der Frühling mit seinen warmen Sonnenstrahlen kommt und alles um sich herum zum Erblühen und Wachsen bringt. Es ist an der Zeit, optimistisch in die Zukunft zu blicken, denn das, was dir bevorsteht, wird wahrhaft grandios.

**Fragen**

Was braucht mein inneres Kind, um sich sicher genug zu fühlen, mal aus der Normalität und Ernsthaftigkeit auszubrechen? Wenn alles möglich wäre, was würde ich heute am allerliebsten tun? Glaube ich daran, dass nach dem Regen immer auch wieder der Sonnenschein kommt?

**Nächste Schritte:**

1) Verbringe Zeit mit Kindern und/oder Tieren! Kinder und auch Tiere können uns ohne Worte inspirieren und uns unbeschwert fühlen lassen. Schau einer kleinen Katze beim Spielen zu oder bau mit einem Kind eine Sandburg. Da ist sie, die Lebensfreude.
2) Mach dir eine Liste, auf der jeder Satz mit »Wäre es nicht genial, wenn …« beginnt! Dahinter schreibst du alles, was dich aufgeregt und vorfreudig werden lässt. Schaffst du es, einen deiner Punkte heute zu erfüllen?
3) Beweg dich! Bewegung wird *komplett* unterschätzt, wenn es um das Thema Vitalität geht. Gerade dann, wenn du dich nach gar nichts fühlst, kann ein Tanz, ein Spaziergang oder eine Boxeinheit Wunder bewirken. Los geht's!

## ✦ DAS GERICHT (20) ✦

EHRLICHKEIT, BEWUSSTSEIN, URTEIL

**Bildsprache**

Das Engelshorn hat eigene Flügel und offensichtlich die Fähigkeit, direkt zu uns zu sprechen. Was wird uns da zugerufen? Die Botschaft jedenfalls ist so wichtig, dass sie uns nun, weil vielleicht bisher ungehört, auf unkonventionellem Wege übermittelt wird. Mit der Sonne im Rücken steht dieses göttliche Sprachrohr im Zentrum des Geschehens, selbst die Sterne formatieren sich in Reih und Glied und schaffen Platz für den Übermittler dieser universellen Nachricht.

**Interpretation**

Alle zugehört! Das göttliche Gericht (aka das Universum, die Liebe, das Leben oder deine innere Weisheit) spricht direkt zu dir, deshalb ist es wichtig, jetzt die Ohren zu spitzen. Diese Karte könnte eine Phase der Selbsterkenntnis einläuten. Wo stehst du? Was willst du? Was bereust du? Wer bist du? Nur wenn du dich selbst vollständig kennst, bist du imstande, ein ehrliches und faires Urteil über dich zu fällen. Und genau das scheint nun notwendig zu sein. Vielleicht weil ein Unrecht aufgedeckt werden soll? Vielleicht weil ein neuer Lebensabschnitt ansteht? Vielleicht weil du dazu neigst, dich vollkommen falsch einzuschätzen und deshalb falsche Entscheidungen triffst? Was auch immer es ist: Im Fokus stehst nun du. Und der Richter, der dir gegenübersteht, ist nicht hart, unfair oder missbilligend. Nein, das bist du selbst in deiner liebevollsten, ehrlichsten und gerechtesten Form. Es gibt also nichts zu fürchten.

**Fragen**

Was ruft mir meine innere Stimme zu? Gibt es Zeichen im Alltag, die mir etwas sagen wollen? Bin ich ehrlich zu mir? Gibt es einen Ruf, den ich ignoriere oder den ich immer wieder überhöre? Was ist die Quintessenz der letzten Tage, Wochen und Monate?

**Nächste Schritte**

1) Mach eine Bestandsaufnahme! Schreibe auf, was in der letzten Zeit passiert ist, was eventuell noch unverdaut geblieben ist und um was es eigentlich gerade in deinem Leben geht. Die Richtung bestimmt immer den Weg.
2) Richte den Blick *liebevoll* auf dich! Wir sind schnell darin, uns selbst zu ver- und zu beurteilen. Nun ist es Zeit, ehrlich und wertschätzend mit dir selbst zu sein.
3) Schluss mit dem Autopiloten! Funktionalität, Schnelligkeit und Effizienz sind oft die bestimmenden Maßstäbe unseres Alltags, nun geht es aber darum, achtsam und bewusst mit dir zu sein. Nimm dir aktiv und konsequent Zeit für dich.

## ✦ DIE WELT (21) ✦

**VOLLENDUNG, HARMONIE, INTEGRATION**

### Bildsprache

Hier kommt alles Schöne zusammen: ein Kranz, so akkurat geschnitten und geformt, dass er genau um eine riesige Hand passt, die uns die Symbole der Unendlichkeit, der Sterne, des Wassers, der Erde, der Sonne und des Mondes präsentiert. Alles fügt und vereint sich. Auch die Bänder, die um den Kranz herumgewickelt sind, muten wie das Symbol der Unendlichkeit an. Neben zwei symmetrisch angeordneten Sternen entdecken wir auch noch zwei Vögel, die ebenso symmetrisch ins Bild fliegen. Der Dualität ist hier viel Beachtung geschenkt.

### Interpretation

Du hast es geschafft oder wirst es ganz sicher demnächst schaffen. Ob im Beruf oder im Privatleben, was deine Gesundheit, deine Freundschaften oder deine Finanzen betrifft: Irgendetwas kommt zu einem freudigen, erfolgreichen, glücklichen Abschluss. Wenn diese Karte zu dir kommt, darfst du dich auf eine Zeit der Integration freuen, auf eine kleine Pause vielleicht, einen Urlaub oder eine zufriedenstellende Erkenntnis in dir. Ein Gefühl der Vollkommenheit mag dich erreichen, in dir wirken und dich hoffentlich über weite Strecken tragen. Nun ist der perfekte Zeitpunkt, um auf deinen Weg zu blicken und einen Teil von ihm als erfolgreich abgeschlossen zu betrachten. Falls du das Gefühl hast, es wurde nichts zu einem Ende gebracht, kann diese Karte eine Einladung sein zu erkennen, was du gemeistert, verstanden oder erledigt hast. In bestimmter Weise hast du es geschafft, aus vorher gegenteiligen Dingen eine Harmonie entstehen zu lassen – in deinem Inneren oder aber in der Außenwelt. Auf zu neuen Lebenszyklen!

**Fragen**

Was habe ich in der letzten Zeit gelernt? Welche Herausforderungen habe ich überwunden? Habe ich viele Dinge erlebt, die ich nun in Ruhe verarbeiten kann? Wie kann ich mir selbst eine Freude machen?

**Nächste Schritte**

1) Feiere deinen Weg! Blick mal zurück, denk an all die bisherigen Hindernisse und sei verdammt nochmal von ganzem Herzen stolz auf dich!
2) Schließe rituell ab! Nimm einen Stift und ein Stück Papier und schreibe alles herunter, was du in einem Zeitrahmen deiner Wahl gemeistert hast. Lies anschließend alles noch einmal durch, atme tief und verbrenne dann das Papier. Wow, das Feuer symbolisiert deine Energie, deine Errungenschaften und hilft, zu verarbeiten, was alles geschehen ist.
3) Nimm dir Zeit für die schönen Seiten des Lebens! Wenn wir Erfolge nicht als solche erkennen, geschweige denn feiern, wird unsere Motivation weiterzumachen immer kleiner. Tu also, was dich glücklich macht!

**Mit der Karte »Die Welt«**
**ist die Große Arkana abgeschlossen.**

## ✦ ASS DER STÄBE ✦

ELEMENT FEUER

**NEUBEGINN, ENERGIE, MOTIVATION**

### Bildsprache

Eine Hand, die für das Erschaffen, Kreieren und Halten steht, streckt sich aus den Wolken und damit aus unseren Gedanken empor. Sie hält den ersten der Stäbe, der wie alle Stäbe für das Feuer, also für Tatkraft, Energie, Motivation und Leidenschaft steht. An diesem Stab wachsen kleine Blätter, die mit der Zeit zu einem kräftigen Baum heranwachsen können. Die Asse stehen stets für einen Anfang, der den ersten Schritt einer neuen Reise markiert.

### Interpretation

Es ist an der Zeit, dass du die Dinge in die Hand nimmst und auf den Weg bringst. Diese Karte signalisiert, dass dir ein Geschenk gemacht wird – vielleicht in Form eines ermutigenden Gedankens oder einer spannenden Idee? Alles, was sich vielversprechend anhört, und dir Lust auf mehr macht, kannst du also mutigen Herzens angehen. Dir fällt nichts ein? Na, dann werde kreativ, lass deinen Verstand ausgeschaltet und tu einfach, was dir Energie und Freude bringt. Ganz wichtig: Wenn die Muse dich dann küsst und dich auf eine Idee bringt, trau dich, sie zu verfolgen, auch wenn du sowas vorher vielleicht noch nie getan hast. Die Hand wird diesen Stab für dich nicht ewig halten, also greif zu, wenn du das Gefühl hast, das könnte genau das Richtige sein, lass dich nicht entmutigen und nutze diese Chance, die dir geboten wird.

**Fragen**

Habe ich kürzlich Pläne geschmiedet oder eine bestimmte Idee gehabt? Habe ich diese umgesetzt beziehungsweise verfolgt oder links liegen lassen? Wie bin ich am liebsten kreativ? Welches Hobby wollte ich schon immer mal anfangen? Wohin wollte ich schon immer mal in den Urlaub? Gibt es neue Projekte, die ich starten möchte?

**Nächste Schritte**

1) Auszeit für den Kopf: Denk nicht zu verbissen über Hindernisse oder mögliche negative Konsequenzen nach! Diese Karte kommt zu dir, um dich zu ermutigen, deine wilden Ideen zu verfolgen.
2) Lass dich inspirieren! Wo auch immer du bist. Unter der Dusche, abends vorm Schlafengehen, beim Warten auf die Bahn oder beim Einkaufen. Schreib dir Gedankenblitze auf und schau, was dich anzündet. Inspiration gibt es überall.
3) Ergreife die Chance! Jetzt! Nicht mehr warten. Auch jeder winzig kleine Schritt bringt dich weiter auf deinem Weg. Hauptsache, du tust jetzt etwas!

Das »Ass der Stäbe« ist der Beginn
der Kleinen Arkana.

## ✦ ZWEI DER STÄBE ✦

ELEMENT FEUER

**ENTSCHEIDUNG, RÜCKBLICK, VORBEREITUNG**

### Bildsprache

Erinnert dich diese Karte auch so an den Eremiten, der mit beiden Händen die Laterne hält und sich damit die Nacht erleuchtet? Hier allerdings leuchtet der Mond, der zwischen zwei Stäben steht, welche klassischerweise mit dem Element Feuer assoziiert werden. Die zarten, noch ganz jungen Blätter deuten an, dass wir erst am Beginn einer Reise stehen und noch einen weiten Weg vor uns haben. Der Mond mit seiner Verbindung zur Intuition und den Gefühlen ist uns dabei sicher ein weiser Berater.

### Interpretation

Diese Karte kommt zu dir, wenn du aufgefordert bist, dich nicht mehr auf das Außen - dein Umfeld, also Freund*innen, Familie, Kolleg*innen - zu konzentrieren, sondern dir selbst und deiner ganz eigenen Weisheit mehr Raum zu geben. Wenn du vor einer Entscheidung stehst, ist nun die Zeit gekommen, dich auf deinen bisherigen Weg zu besinnen. Sieh einmal zurück, was du bereits erlebt hast und wie es dich geformt hat. Was du aus alten Erlebnissen gelernt hast. Was du mochtest und was du am Ende bereut hast. Auch unbekanntes Terrain ist weniger fremd und beängstigend, wenn du dich besinnst, wie du bisher mit neuen Erfahrungen umgegangen bist und was du daraus gelernt hast. Dein innerer Kompass ist ein guter Wegweiser, um Pläne für die Zukunft zu schmieden. Wenn du auf ihn hörst, kann nichts mehr schiefgehen.

**Fragen**

Welche Möglichkeiten liegen nun vor mir? Stehen bei Entscheidungen meine Intuition und mein Bauchgefühl im Fokus? Wie können mir Entschlüsse aus der Vergangenheit bei jetzigen Unsicherheiten helfen? Was lehren sie mich? Was sagt mir mein Herz?

**Nächste Schritte**

1) Triff Herzentscheidungen! Das sind diejenigen, die sich tief in dir drin richtig und wichtig anfühlen. Egal, ob sie schwer durchzusetzen sind oder was dein Umfeld dazu sagt.
2) Bereite dich vor! Was brauchst du, um jetzt eine Entscheidung zu treffen? Was ist wichtig, damit du dich sicher fühlst? Schmiede Pläne und beginne, sie in Ruhe umzusetzen.
3) Erstelle Mindmaps! Sie sind der perfekte Mittelweg zwischen visuellen und schriftlichen Impulsen und bringen deine Vorhaben in eine geordnete Form. Damit vor Augen kann es dann richtig losgehen.

## ✦ DREI DER STÄBE ✦

**ELEMENT FEUER**

LANGFRISTIGE ZIELE, BLICK IN DIE ZUKUNFT, ERWEITERUNG

### Bildsprache

Alle guten Dinge sind drei, sagt man so schön. Hier sind die Stäbe, die das Element Feuer symbolisieren, perfekt angeordnet und sie zeigen, dass die Weichen gestellt sind, um sämtliche Vorhaben voranzubringen. Sie sind das Pendant zu den Wolken, die unsere Gedanken und unseren Verstand repräsentieren. Aus diesem Zusammenspiel zwischen Energie und Logik kann nun etwas wachsen, das nicht nur Power hat, sondern auch nachhaltig ist.

### Interpretation

Um deine Wünsche zu verwirklichen, solltest du sie mit klaren, geordneten Schritten angehen. Du scheinst bereits Vorarbeit geleistet zu haben und kannst die Planung jetzt in Aktion wandeln. Es ist irrelevant, ob es sich dabei um private, gesellschaftliche, berufliche oder seelische Unterfangen handelt. Du hast Rückenwind und dein Fundament wird immer stabiler. Du kannst dich darauf verlassen, dass du bereit bist, und im Vorfeld genug gelesen, erfahren, gemacht und erledigt hast. Nun ist der richtige Zeitpunkt, dir deine Vision vor Augen zu führen und dich deinen Zielen mit kleinen, alltäglichen Schritten zu nähern. Du hast alles Recht der Welt, dich jetzt ganz besonders selbstbewusst und stark zu fühlen, das macht deine Unternehmungen nur noch erfolgreicher.

**Fragen**

Was sind meine Pläne und Visionen für die nächsten fünf bis zehn Jahre? Was möchte ich bis dahin gesehen, gefühlt und erlebt haben? Bremst oder unterstützt mich realistisches Denken? Bin ich bereit, meine Vorhaben etwas risikofreudiger als bisher durchzusetzen?

**Nächste Schritte**

1) Glaube an deinen Erfolg! Viele Dinge kommen niemals zustande, weil wir vom Scheitern ausgehen. Warum nicht mal den Best Case annehmen?
2) Keine falsche Bescheidenheit! Du darfst selbstbewusst und vertrauensvoll sein, das hat nichts mit Arroganz oder Naivität zu tun. Trau dir ruhig etwas zu, und scheue dich nicht davor, auch andere mit deinem Tatendrang anzustecken.
3) Examiniere deine Glaubenssätze! Wie stehst du zu Erfolg? Wie zu kühnen Vorhaben? Wie schränken dich diese Sichtweisen ein oder verhelfen dir zu einem guten Lebensgefühl?

## ✦ VIER DER STÄBE ✦

ELEMENT FEUER

AUSZEIT, BELOHNUNG, HEIMKEHR

**Bildsprache**

Wir sehen hier vier Stäbe, die sich miteinander verbunden haben und nun in symmetrischer Harmonie miteinander tanzen. Sie liegen über- und aufeinander, verschmelzen zu einer Einheit und symbolisieren Energien, die sich fließend und angenehm bewegen. Sie erinnern ebenso an ein Dach oder ein Zelt, das unser Zuhause darstellt. Getragen werden die Stäbe von Eichenblättern, die für Stärke, Macht, Treue und Souveränität stehen. Ziemlich gut gebettet, oder?

**Interpretation**

Eine Phase der Entspannung wartet auf dich. Du darfst dich angekommen fühlen: zu Hause, verwurzelt und ganz geborgen. Du bist nun dazu eingeladen, es dir in deinem Leben gemütlich zu machen und dich mal so richtig zu verwöhnen. Plane vielleicht einen Urlaub oder Besuch in der alten Heimat. Alles, was dich zu dir zurückbringt und dich entspannen lässt, ist erwünscht. In dieser Zeit darf es um das bloße Sein gehen. Nimm die süßen Früchte deines Lebens und genieße sie mit deinen Liebsten. Verbinde dich mit Menschen, die dir guttun, und feiert gemeinsam unbeschwert Geburtstage, Hochzeiten, Geburten, den Sommer, das Leben oder was auch immer euch sonst einfällt.

**Fragen**

Nach was sehne ich mich am meisten? Was habe ich in der letzten Zeit in meinem Leben vermisst? Welche Menschen möchte ich sehen, anrufen, bei mir haben? Was kann ich Schönes für mich und mit anderen planen? Wie sieht die perfekte Auszeit für mich aus?

**Nächste Schritte**

1) Mach eine Liste mit Dingen, die dir guttun! Dein Lieblingstee oder die leckerste Schokolade, das tiefgründige Gespräch mit einem Freund oder der Luxusurlaub in den Bergen. Und dann schau, was davon du dir in der nächsten Zeit gönnen kannst.
2) Du bist es wert! Wir machen Belohnungen oft abhängig von Errungenschaften, die uns am Ende dann doch zu klein vorkommen. Warte diesmal nicht. Du hast es verdient, dir eine schöne Zeit zu gönnen. Immer.
3) Ab zu deinen Liebsten! Geteiltes Glück ist doppeltes Glück, und eine schöne gemeinsame Zeit lässt dich Kraft tanken für weitere Abenteuer und aufregende Stationen in deinem Leben.

## ✦ FÜNF DER STÄBE ✦

ELEMENT FEUER

STREITIGKEIT, KONFLIKT, NEID

### Bildsprache

Die fünf Stäbe, die wir hier sehen, existieren zwar nebeneinander, aber nicht miteinander. Sie zeigen alle in die gleiche Richtung, sind also wohl auf dasselbe Ziel ausgerichtet, aber haben vollkommen unterschiedliche Ausgangspunkte. Sie berühren sich nicht, haben keinerlei Überschneidungen, sondern sind trotz geometrischer Harmonie getrennt voneinander.

### Interpretation

Spielen Wettbewerb, Neid und der Einsatz von Ellenbogen in deinem Leben gerade eine Rolle? Wenn alle Beteiligten dasselbe wollen, aber keiner am gleichen Strang zieht, wird ein Unterfangen zum panischen, fremdgesteuerten Lauf, bei dem am Ende niemand wirklich gewinnen kann. Beobachte, welche Dinge dir gerade wichtig sind und was du bereit bist zu tun, um sie zu erreichen. Lässt du dich vom unfairen Verhalten anderer von der Erfüllung deiner Bedürfnisse abbringen? Inwiefern solltest du selbst Kompromisse eingehen, um ein gemeinsames Ziel zu erreichen? Es ist nicht nötig, alles gutzuheißen, was andere machen. Im Endeffekt bringt Konkurrenzdenken allerdings oft mehr Leid als Nutzen, weshalb es sich lohnt zu überprüfen, wie viel Raum du dieser mentalen Ausrichtung in deinem Leben geben möchtest.

**Fragen**

Wie kann ich vermeiden, mein Verhalten von Leistungsdruck und den Vergleichen mit anderen abhängig zu machen? Bin ich gerade in eine Situation involviert, die mich in eine unschöne Wettbewerbsposition bringt? Welche Möglichkeiten gibt es, die Situation für mich und vielleicht andere zu verbessern? Habe ich Angst vor Konkurrenz und scheue mich deswegen, etwas zu tun? Wie kann ich meine emotionale Unabhängigkeit stärken?

**Nächste Schritte**

1) Sprich unfaires Verhalten dir gegenüber an und identifiziere mögliches eigenes Fehlverhalten! Das Bewusstsein über Missstände ist der erste Schritt zu einem entspannteren Miteinander, in dem es allen Beteiligten besser geht.
2) Ortswechsel: Versuche dein Umfeld (zumindest kurzzeitig) zu verändern! Wenn es dir nicht mehr guttut und du spürst, dass du mit Gesprächen nicht weiterkommst.
3) Nimm verschiedene Positionen ein! Versetze dich auch in die Lage anderer und versuche, eine Lösung zu finden, die dir guttut, aber auch anderen nicht schadet. Vielleicht gibt es einen Weg, der alle glücklich macht?

## ✦ SECHS DER STÄBE ✦

ELEMENT FEUER

ERFOLG, ANERKENNUNG, WERTSCHÄTZUNG

**Bildsprache**

So wie die Stäbe immer mehr werden, fleißig blühen und zu immer stärkeren Ästen heranwachsen, gedeiht auch unsere Energie, unsere Motivation und unsere Inspiration. Die beiden Vögel stehen für Freiheit und den Blick von oben und scheinen uns ebenfalls zu unserem Wachstum und unserer Entwicklung zu gratulieren. Sie beschenken uns mit Zweigen, die unseren Garten größer und größer werden lassen.

**Interpretation**

Du bist absolut auf dem richtigen Weg, herzlichen Glückwunsch. Ob es dir bewusst ist oder nicht: Es gibt etwas zu feiern. Jetzt oder in naher Zukunft steht dir ein freudiges Ereignis bevor, für das du schon einmal die Luftballons aufpusten und das Konfetti verstreuen darfst. Die harte Arbeit und deine Bemühungen der letzten Zeit zahlen sich aus. Was immer du da geleistet hast: Es hat sich gelohnt. Vielleicht warst du mit besonderen Herausforderungen konfrontiert, mit Lebenskrisen, zwischenmenschlichen Konflikten oder einfach einem unguten Gefühl. Diese Karte ist nun die absolute Siegeskarte und sie kommt immer dann zu dir, wenn du dich selbst feiern und von anderen feiern lassen darfst. Die schlechten Zeiten sind vorbei, und das darfst du genießen. Zeig dich und klopf dir stolz auf die Schulter, denn du hast etwas erreicht oder wirst demnächst etwas erreichen, das absolut fantastisch ist.

## Fragen

Worauf bin ich stolz? Was habe ich in der letzten Zeit erreicht oder was werde ich demnächst erreichen? Bin ich imstande zu erkennen, wie viel es zu feiern gibt? Wie möchte ich mich selbst feiern?



## Nächste Schritte

1) Feiere dich! Mach dir bewusst, was du erreichst hast und wie außergewöhnlich du an vielen Stellen bist. Du kannst und darfst stolz auf dich sein und mit denen, die dich auf dem Weg unterstützt und geliebt haben, feiern.
2) Verewige diesen Moment! Die Zeiten, in denen es dir besonders gut geht, festzuhalten ist eine wunderbare Möglichkeit, um sich in schlechten Phasen daran zu nähren und Kraft zu tanken. Mach Fotos, schreib in dein Tagebuch, sprech auf deinem Handy Sprachnachrichten ein, in denen du dir dankst und dir vor Augen führst, wie schön gerade alles ist.
3) Hab Vertrauen! Sollte diese Karte zu dir kommen, obwohl du dich überhaupt nicht nach Sieg oder Erfolg fühlst, dann sei geduldig und glaub daran, dass es nicht mehr lange dauern wird, bis du auf deinem Lebensberg wieder ein ganzes Stückchen höher geklettert bist und die schöne Aussicht genießen kannst.

## ✦ SIEBEN DER STÄBE ✦

ELEMENT FEUER

**VERTEIDIGUNG, SELBSTBEWUSSTSEIN, FÜR SICH SELBST EINSTEHEN**

### Bildsprache

Die sieben Stäbe erinnern an eine Art Schutzschild. Alles, was dahinter liegt, kann man schwer erreichen und vermutlich nicht einmal sehen. Aber nicht nur die Stäbe versperren die Sicht, auch sieben Sterne halten davon ab, hinter die hölzerne Mauer zu blicken.

### Interpretation

Es ist an der Zeit, dir ein dickes Fell gegen die Außenwelt zuzulegen. Die Meinungen, Aussagen und Wertvorstellungen anderer sollten dich gerade kaltlassen, weil sie oftmals – selbst wenn lieb gemeint – nichts für dich tun. Sie können dich sogar negativ beeinflussen, wenn du dich abhängig von der Validierung anderer machst und den für dich richtigen Weg aus den Augen verlierst. Unter Umständen sind die vermeintlichen Ratschläge sogar von Neid oder Eifersucht motiviert. Vielleicht wird dir etwas von deinem Erfolg missgönnt, weil jemand anders ihn auch gerne hätte.
Hüte dich also vor der Meinung anderer. Nur du kannst beurteilen, was gut für dich ist, welche Entscheidung die richtige ist oder mit wem oder was du deine Zeit verbringen solltest. Folge dem, was dich glücklich macht. Niemand außer dir muss das verstehen.

**Fragen**

Gegen wen oder was muss ich mich immer wieder behaupten? Wo in meinem Leben kämpe ich um Verständnis oder Anerkennung? Ist jemand neidisch auf mich? Oder habe ich Angst, dass es jemand sein könnte? Bin ich vielleicht die Person, die neidisch ist? Was offenbart mir dieser Neid über meine Wünsche? Kann ich für mich selbst einstehen?

**Nächste Schritte**

1) Steh für dich ein! Das erfordert sicherlich Mut und darf seine Zeit dauern. Sieh es als Prozess.
2) Werde dir selbst bewusst! Was macht dich eigentlich aus? Was sind deine Werte? Was ist dir wirklich wichtig? Erst wenn du darüber Klarheit hast, weißt du auch, was du nicht möchtest und kannst dich dagegen behaupten.
3) Analysiere deine Position! Wo stehst du, und was stört dich gerade? Bist du der Auslöser der Unruhe in dir (vielleicht durch Neid, Missgunst oder Eifersucht) oder sind es andere?

# ✦ ACHT DER STÄBE ✦

ELEMENT FEUER

TATKRAFT, VOLLGAS, ENERGIESCHUB

**Bildsprache**

Es regnet Stäbe! Acht hölzerne Himmelsboten, die für Aktion, Leidenschaft und Energie stehen, prasseln direkt auf unser Vorhaben und geben uns ordentlich Rückenwind. Wo immer wir gerade sind, mit dieser Unterstützung kann doch gar nichts mehr schiefgehen.

**Interpretation**

Ich hoffe, du hast dich bisher gut ausgeruht, vorbereitet und versorgt, denn nun geht die Post so richtig ab. Wenn die Acht der Stäbe ihren Weg zu dir finden, ist es an der Zeit, deine gesamte Energie zu bündeln und dich vollends ins Tun zu stürzen. Vielleicht erwartet dich eine Phase der gesteigerten körperlichen Energie, du bist gesund und fühlst dich fit wie nie. Eventuell ist der Energieschub aber auch eher mentaler Natur, und du steckst voller Ideen und Freude, etwas zu bewegen. Im besten Falle kommt nun beides zusammen, und dein Körper und dein Geist arbeiten gemeinsam wie ein Uhrwerk. Dies ist nicht die Zeit, um in Zweifeln zu verharren und alle möglichen Wenn und Aber in Erwägung zu ziehen. Wenn du dich darauf einlässt, bist du leistungsfähig und voller Antrieb und kannst zu diesem Zeitpunkt eine Menge schaffen. Ab geht's!

**Fragen**

Worin möchte ich meine Energie stecken? Was lässt mich besonders energetisch aufgeladen fühlen? Bin ich in der Lage, auch mal schnell und ganz aktiv Entscheidungen zu treffen? Schaffe ich es, Schnelligkeit und Sinnhaftigkeit miteinander zu verbinden?

**Nächste Schritte**

1) Nochmal kurz fokussieren, und dann geht's los. Ordne noch ein letztes Mal deine Gedanken, besinne dich auf deine Ziele und dein Warum und starte. Die Zeit ist reif für große Taten.
2) Schau nicht nach rechts und links! Ein bisschen Input hier, ein wenig Wissen dort und an der ein oder anderen Stelle vielleicht auch nochmal die Meinung eines Außenstehenden. Nein, nein, diesmal nicht! Bleib ganz bei dir und vertrau auf deinen Weg.
3) Mach dir eine Liste mit deinen Energiespendern und Energiefressern! Streiche so viele wie möglich von Letzteren und verwende so viel Zeit wie möglich auf Erstere! Booooom!

# ✦ NEUN DER STÄBE ✦

FEUER

GRENZEN, AUSDAUER, ERMÜDUNG

## Bildsprache

Der neunte Stab ist einer zu viel. Die einst so starken Stäbe fallen in sich zusammen und von ihrer vorherigen Formation ist nichts mehr übrig. Die spannende Frage ist nun: Wessen Hand legt da noch etwas drauf, obwohl du eigentlich schon genug hast? Ist es am Ende deine eigene?

## Interpretation

Nach Vollgas, Vollgas, Vollgas kommt irgendwann der Zeitpunkt, an dem der Bogen überspannt wurde. Genau dort könntest du dich jetzt befinden. Vielleicht hast du in einem oder mehreren Lebensbereichen in den letzten Tagen, Wochen, Monaten oder sogar Jahren alles gegeben und solltest eine Grenze ziehen, damit es nicht ungesund wird. Oder ist es das schon längst? Ständiges Tun und Unterwegssein kann süchtig machen. Und irgendwann brauchst du den Stress so sehr, dass du gar nicht mehr merkst, dass du dich in einem wahren Teufelskreis aus ständiger Beschäftigung und dem Gefühl, doch nicht genug getan zu haben, befindest. Daraus gibt es meist nur einen einzigen Weg: nämlich konsequent und bestimmt den Stecker zu ziehen. Das muss selbstverständlich nicht für immer sein. Aber für den Moment wird es dich schützen.

**Fragen**

Wo ist das Verhältnis aus Geben und Nehmen in meinem Leben gerade nicht besonders ausgeglichen? Gibt es Bereiche, in denen ich kaum stillhalten und Pause machen kann? Habe ich Angst, etwas zu verpassen? Wo macht es Sinn, noch ein bisschen durchzuhalten? Wo ist es stattdessen ratsam, zu einem späteren Zeitpunkt oder gar nicht weiterzumachen?

**Nächste Schritte**

1) Ziehe Grenzen! Wir denken oft, dass wir belastungsfähiger sind, als es der Fall ist, wenn wir aus Angst oder mit Druck handeln. Was hält dich zurück, stärker zu deinen Bedürfnissen zu stehen?
2) Wäge ab! Was muss jetzt gerade wirklich getan werden, und wo kämpfst du dich umsonst ab? Vielleicht muss ja gar nicht alles, was du dir aufhalst, sofort erledigt werden.
3) Überdenke dein Zeitmanagement! Oft hilft es schon, sich für gewisse Aufgaben, Projekte oder Menschen ein gewisses Zeitlimit zu setzen. Du bist dann immer noch involviert, aber nicht so, dass es dich ausbrennt.

## ✦ ZEHN DER STÄBE ✦

ELEMENT FEUER

SCHWERE, VERPFLICHTUNG, BURNOUT

### Bildsprache

Mehr als zehn Stäbe gibt es nicht, wir haben einen Höhepunkt erreicht. Viel mehr passt auf die Karte auch wirklich nicht drauf, oder? Wenn wir nur einen Stab bewegen, stürzt alles wie ein Kartenhaus zusammen. Das wäre sehr schlecht, insbesondere im Hinblick auf das Feuer, das unsere Stäbe unten schon zu verbrennen droht. Auch unserem Fixstern am oberen Bildrand sind die Stäbe bedrohlich nah. Mehr geht einfach nicht mehr.

### Interpretation

Du hast dir wirklich einiges aufgeladen und weißt jetzt vermutlich gar nicht mehr, wo oben und unten ist, nicht wahr? Du trägst Aufgaben, Verpflichtungen, Erwartungen und den ganz normalen täglichen Wahnsinn mit dir herum und bist vermutlich fix und fertig. Lass diese Karte eine Erinnerung an dich sein, dass du dich nicht ewig so herausfordern kannst – selbst wenn du zurzeit in einer Phase steckst, in der dir die Fülle dieser ganzen To-dos noch Freude bereitet. Lange kannst du diesen zerrenden Zustand nicht halten, und das solltest du auch gar nicht. Du bist ein Mensch, darfst auch mal schwach sein, dir Hilfe holen und dazu stehen, dass es vielleicht gerade alles ein bisschen viel ist.

**Fragen**

Bin ich mental, körperlich oder sogar in beiden Bereichen überfordert? Warum verlange ich so viel von mir? Oder tut das jemand anders? Habe ich das Gefühl, dass jeder Tag 48 Stunden haben sollte? Wie kann ich meinen Aufgaben gerecht werden, ohne mich selbst so ungesund zu belasten?

**Nächste Schritte**

1) Hol dir Hilfe! Bitte. Es ist verführerisch, alles »eben schnell« allein zu machen und sich dann später damit preisen zu können, keine Hilfe gebraucht zu haben. Das ist die Sache am Ende aber niemals wert. Keine Scham, wir alle brauchen Hilfe.
2) Setze Prioritäten! Was ist gerade wirklich wichtig, und was darf auch ruhig mal liegen bleiben, damit du (wenigstens kurz) zur Ruhe kommen kannst. Du bist der Dreh- und Angelpunkt in deinem Leben, dein Wohlbefinden ist also immer das Wichtigste.
3) Kurze Ruhephasen können Wunder bewirken. Wie kannst du im Alltag kleine Inseln der Ruhe erschaffen, die nicht erfordern, dass du alles komplett stehen und liegen lässt? Höre kurz Musik, mache eine dreiminütige Meditation oder laufe eine Runde im Garten. Die kleinen Dinge können am Ende einen großen Unterschied machen.

## ✦ PAGE DER STÄBE ✦

**ELEMENT FEUER**

**ABENTEUER, WILDHEIT, ENTDECKUNGEN**

### Bildsprache

Auf einem Silbertablett (das in diesem Falle aus einem roten Kissen auf einer Wolke besteht) wird uns ein Stab gereicht. Wir erhalten damit das Geschenk des Feuers, der Hingabe, des Mutes und der Leidenschaft, denn dafür stehen die Stäbe. Die Tatsache, dass wir das Geschenk gerade erhalten und sich der Vorhang kürzlich erst geöffnet zu haben scheint, lässt darauf schließen, dass wir noch unerfahren sind. Die Eichenblätter repräsentieren Stärke, Treue, Mut und Souveränität und werden uns als Anker in unseren wilden Abenteuern sicherlich dienlich sein.

### Interpretation

Mit frischer Energie bist du nun in der Lage, deine Vorhaben anzugehen. Wenn diese Karte zu dir kommt, darfst du mit Neugier, Offenheit, Unbefangenheit und einer gehörigen Portion Optimismus die nächsten Schritte gehen. Die Pagen verkörpern im Tarot immer eine sehr kindliche, unschuldige, aber auch unerfahrene Energie. Unerfahrenheit ist in diesem Fall auch absolut nichts Schlechtes, sondern wird dir dabei helfen, Dinge viel offener, ungefilterter und unvoreingenommener wahrzunehmen. Vielleicht darfst du etwas ganz Neues in deinem Leben lernen? Das Geschenk, das du hier erhältst, wirkt vorbeugend gegen Verbissenheit und Engstirnigkeit, die ja so manche Projekte und Wünsche am Ende ins Leere laufen lassen. Selbst wenn du noch gar keine Ideen hast und gar nicht weißt, auf was sich diese Karte in deinem

Leben beziehen könnte, ist das kein Problem. Ganz im Gegenteil, eigentlich geht's genau darum: mit Energie nach vorne zu gehen, auch wenn man eigentlich noch gar keine Ahnung hat, um was es geht oder was einem bevorsteht. Freue dich einfach deines Lebens, nehme alle Möglichkeiten mit, die dir sinnvoll erscheinen und schau dann, wohin dich der Wind trägt.



**Fragen:**

Bin ich imstande, die Dinge einfach mal laufen zu lassen? Was kann ich in diesem Augenblick loslassen, um zu schauen, was passiert? Gibt es etwas, das ich schon immer lernen wollte? Was wollte ich schon immer mal ausprobieren?

**Nächste Schritte**

1) Sei flexibel! Etwas läuft nicht so wie gewünscht? Schwamm drüber. Frag lieber, was du Wertvolles daraus lernen kannst und wofür es gut ist.
2) »Ja« sagen! Einen ganzen Tag lang. Zu allem. Und einfach mal schauen, wohin dich das führt. Kannst du dir das vorstellen? Ich wette, am Ende ist der Tag ganz anders, als du ihn dir vorgestellt hast, aber trotzdem richtig gut verlaufen.
3) Dein Feuer entscheiden lassen! Egal, ob riesig große Entscheidung oder winzig kleine Alltagsfragen: Was passiert, wenn du immer nur noch die Dinge wählst, die dich richtig anzünden?

## ✦ RITTER DER STÄBE ✦

ELEMENT FEUER

MUT, IMPULSIVITÄT, UNBERECHENBARKEIT

### Bildsprache

Zwischen Himmel und Erde erscheint uns das Schild eines Ritters. Es ist geschmückt mit einem Wappen, das uns auf der einen Seite die Sonne und auf der anderen einen Teil des Mondzyklus präsentiert. Quer darüber ein Stab. Tun und Fühlen werden durch Energie und Durchsetzungswillen verbunden.

### Interpretation

Der Ritter geht nach vorne, er schaut nur selten nach rechts und links. Was sich ihm beim Erreichen seiner Ziele in den Weg stellt, wird geplättet. Ihm wird Mut und Durchsetzungskraft, manchmal sogar Rücksichtslosigkeit nachgesagt. Brauchst du davon vielleicht gerade etwas mehr in deinem Leben? So wichtig es ist, andere mit einzubeziehen: Wenn diese Karte zu dir kommt, solltest du womöglich ein wenig egoistischer sein. Manchmal hilft es, ungeachtet der Konsequenzen zu handeln, vor allem wenn du vorher bereits versucht hast, eine für alle angenehme Lösung zu finden. Es kann uns ausbremsen, den Fokus zu sehr auf die anderen zu lenken. Sei deshalb jetzt ruhig mutig und geh voran, auch wenn dir nicht alle folgen. Dein Löwenherz zeigt dir den Weg.

### Fragen

In welchen Bereichen beuge ich mich oft dem Willen anderer? Was bräuchte es gerade, um mir hundertprozentig treu zu sein?

Gibt es eine Möglichkeit, das mit den Ansprüchen anderer zu vereinbaren? Sind meine Träume es wert, auch mal jemanden vor den Kopf zu stoßen? Verletzen andere mich, um zu sich selbst zu stehen? Ist das dann okay oder wahnsinnig schlimm für mich?



**Nächste Schritte**

1) Werde deiner selbst gewahr! Finde heraus, wofür es sich aktuell zu kämpfen lohnt und wofür nicht. Die Angst, jemandem auf die Füße zu treten, sollte nicht der Grund sein, warum du bestimmte Bedürfnisse und Wünsche aufgibst.
2) Sei mutig! Gibt es etwas in deinem Leben, das du wahnsinnig gerne tun würdest, wenn du aber allein schon daran denkst, schlottern dir die Knie? Jetzt ist ein guter Zeitpunkt, deine Ängste an die Hand zu nehmen und trotzdem loszurennen.
3) Erlaube dir Impulsivität! Viele von uns sind meist sehr kontrolliert. Wir sollten uns mehr von den Kindern abschauen, die ihren Gefühlen Luft machen und ihnen damit Raum geben. Bei wem kannst du sein, wie du bist?

## ✦ KÖNIGIN DER STÄBE ✦

ELEMENT FEUER

WEIBLICHKEIT, LEIDENSCHAFT, SPASS

**Bildsprache**

Hier ein wenig Gold, dort ein wenig Gold und obendrauf noch ein wenig Gold. Diese Karte lässt keine Wünsche offen und verwöhnt uns mit Luxus, Lebensfreude, Energie und einer großen Portion Weiblichkeit. Die überdimensionale Krone der Königin schwebt im übertragenen Sinne über unseren energetischen Vorhaben (denn dafür steht der Stab) und findet im Mond einen Anker, der sie hält und leitet. Wenn Selbstvertrauen, Energie und Intuition zusammenkommen, steht uns wahrlich nichts mehr im Weg.

**Interpretation**

Wenn diese Karte zu dir kommt, bricht eine Phase der starken Anziehung, der Freude und der Selbstsicherheit an. Als Königin der Stäbe thronst du mit Bestimmtheit, kommst aber ohne strikte Regeln und sture Vorhaben aus. Deine Autorität erwächst aus Selbstsicherheit, Intuition und Charme. Du bist nun dazu aufgerufen, dich selbst und andere zu führen und das Hauptaugenmerk dabei auf Freude, eine gewisse Form von Leichtigkeit und ein sinnliches Körperbewusstsein zu richten. Deine königliche, weibliche, empfangende und stark energetische Seite darf nun – vollkommen unabhängig von deinem Geschlecht – zum Vorschein kommen. Lass dich mal umsorgen, fordere charmant eine Massage ein, sieh deine beruflichen Vorhaben aus einer eher positiven, lockeren Sichtweise und benutze deine Energie und Motivation für Projekte, die dich tief erfüllen. Es darf Spaß machen. Es darf sich sicher und selbstverständlich anfühlen. Es darf so sein, wie du es gerne hättest. Du bist die Chefin beziehungsweise der Chef, legst fest, wie und wo es langgeht, und setzt mit liebevoller Power um, was dir wichtig ist.



### Fragen

Wie vereinbare ich »(Selbst-)Führung« und »Flow« in meinem Leben? Verkörpere ich Selbstbewusstsein, Leichtigkeit und Sicherheit? Welchen Teil von mir möchte ich stolz nach außen zeigen? In welchem Bereich meines Lebens möchte ich gerne die Führung übernehmen?

### Nächste Schritte

1) Tu Dinge, *die dir* gefallen und zeig sie stolz! Wer weiß, wen du am Ende damit ansteckst? Es kommt vor, dass wir andere an unseren »verrückten« Seiten nicht teilhaben lassen, weil wir glauben, diese kämen blöd an. Oft ist das Gegenteil der Fall.
2) Lass dich verwöhnen! Fällt es dir schwer, anderen mitzuteilen, dass du bestimmte Bedürfnisse hast? Kommuniziere, was du brauchst – gerade dann, wenn du oft eher in der Position bist zu geben.
3) Vereinbare Arbeit und Freude! Verantwortung und Leichtigkeit. Geben und Nehmen. Kindererziehung und eine erfüllte Partnerschaft. Pflichten und die Süße des Lebens. Du kannst immer beides haben.

## ✦ KÖNIG DER STÄBE ✦

ELEMENT FEUER

**ENTSCHEIDUNGSFREUDE, FÜHRUNG, INSPIRATION**

### Bildsprache

Wir sehen erneut die Hand, die uns ganz am Anfang der Stabreihe als Ass der Stäbe erschienen ist und die nun den Zyklus des Feuers, der unbändigen Energie, der Motivation und der Tatkraft abschließt. Ihr ist hier die Krone aufgesetzt: Wir sind auf dem Höhepunkt unserer energetischen Macht. Sterne, Sonne und Mond begleiten unsere Vorhaben, wir haben die gesamte Kraft des Universums an unserer Seite.

### Interpretation

Sieh dies als kraftvolle Einladung an dich, zum ultimativen Anführer zu werden. Vielleicht bist du das auch schon? Die Zeichen stehen in jedem Fall auf Führung, Mut und Selbstvertrauen. Es wird Zeit, diese Fähigkeiten zu entwickeln und dein Leben dadurch zu bereichern. Handle! Du kannst andere nun mitreißen, sie begeistern und ebenfalls zum Tun anregen. Unterstützung und Mithilfe sind dir sicher, wenn du der Welt nur zeigst, wer du wirklich bist, was dir wichtig ist und warum. Da brennt ein Feuer in dir, das viel bewirken kann, wenn du dich nur traust, es mit der Welt zu teilen.

### Fragen

Kann ich mich selbst als Führungspersönlichkeit, als König, sehen? Was braucht es, damit ich mich und andere besser führen kann? Was kommt mir in den Sinn, wenn ich daran denke, eine

Führungsrolle einzunehmen? Bin ich überfordert? Ängstlich? Vorfreudig? Gelangweilt? Aufgeregt? Was sagt das über mich und meinen Führungsstil aus? Was vermeide ich mit dieser Denkweise, und worum geht es dann hier mit dieser Karte für mich?



**Nächste Schritte**

1) Werde zum König! Übernimm Verantwortung, stell dich dem Scheinwerferlicht und zeige der Welt, was du für wichtig erachtest. Es ist Zeit, dass wir deine Stimme hören. Laut!
2) Handle! Als kopflastige, logisch-orientierte Gesellschaft verbringen wir viel Zeit mit Plänen, Gedanken und mentalen Blockaden. Nun ist aber Zeit, etwas wortwörtlich zu bewegen und einfach mal zu machen – sei es auch noch so klein.
3) Such dir Inspiration! Auch Könige haben Berater. Finde also jemanden, der oder die dich unterstützt und dir dort hilft, wo du keine Ahnung hast.

# ✦ ASS DER KELCHE ✦

ELEMENT WASSER

NEUBEGINN, EMOTIONALE FÜLLE, RESET

## Bildsprache

Ein Geschenk des Himmels! Die Wolkendecke öffnet sich und gewährt uns einen Blick auf den ersten aller Kelche. Sie symbolisieren unsere Gefühle, tiefsten emotionalen Wünsche und Bedürfnisse und leiten oft eine Phase der Transformation ein. Die Asse sind der Beginn einer jeden Tarotreihe und stehen immer für einen Neubeginn. Auf welche emotionalen Freuden dürfen wir uns wohl in der nächsten Zeit freuen?

## Interpretation

Du stehst am Anfang von ganz neuen Gefühlen. Ist da etwa eine frische Beziehung am Horizont? Eine neue Freundschaft? Eine berufliche Möglichkeit? Ein neuer Lebensabschnitt? Jetzt ist es an der Zeit, den Reset-Knopf zu drücken und alles loszulassen, was dich auf unbekannten Wegen nicht mehr begleiten soll. Dein Kelch ist noch leer, und das kann das größte Geschenk überhaupt sein. So kannst du wirklich empfangen, was für dich bestimmt ist, und läufst nicht durch die Gegend mit einem Kelch, der statt deines Lieblingsgetränks die Plörre aus der vorletzten Pfütze enthält. Es wird dir guttun, dich jetzt noch einmal darauf zu besinnen, was du dir für die nächste Zeit wünschst, was dir wichtig ist und wer du sein möchtest. Lass alles fließen, höre deiner inneren Stimme gut zu und freue dich von Herzen auf alles, was da kommen mag.

**Fragen**

Was möchte ich loslassen? Welche Gefühle, negativen Gedanken und Situationen brauche ich nicht mehr? Wofür möchte ich mich jetzt öffnen? Was bin ich bereit zu empfangen? Was wünsche ich mir für die nächste Zeit?

**Nächste Schritte**

1) Mach einen (inneren) Hausputz! Um Gutes empfangen zu können, brauchen wir Platz und Aufmerksamkeit. Räum also weg, wodurch du dich nicht gut fühlst, und bereite dich so auf schöne Zeiten vor, die dann umso lieber zu dir kommen werden.
2) Verlass dich auf deine Gefühle! Schwankende Gefühle können wahnsinnig machen, wenn man ihnen zu leicht nachgibt. Die Gefühle allerdings, die bleiben, zeigen dir die Richtung. Sie sind die besten Wegweiser überhaupt.
3) Erlaube dir Vorfreude und habe keine Angst vor enttäuschten Erwartungen! Mach dich vom Ergebnis nicht abhängig, aber freu dich dennoch. Auf dich warten großartige Dinge, und das Leben ist zu kurz, sich immer nur auf den Worst Case vorzubereiten.

## ✦ ZWEI DER KELCHE ✦

ELEMENT WASSER

VERBINDUNG, LIEBE, ZUSAMMENGEHÖRIGKEITSGEFÜHL

### Bildsprache

Zwei Kelche scheinen hier nur gemeinsam komplett. Sie wenden sich einander zu und können sich so gegenseitig nähren. Es ist ein Bild, das Geben und Nehmen in perfekter Balance verkörpert und uns daran erinnert, wie ausgeglichene, erfüllende und schöne Beziehungen sein sollten.

### Interpretation

Wenn diese Karte zu dir kommt, geht es um die Liebe zu einer anderen, sehr wichtigen Person in deinem Leben. Du darfst dich nun auf eine intensive Zeit in deiner Partnerschaft, eine erfüllende Verliebtheit, eine wunderbare Freundschaft oder andere tiefgehende, zwischenmenschliche Erfahrungen freuen. Dazu braucht es Offenheit, Ehrlichkeit, Wertschätzung, Respekt, Liebe, gemeinsame Arbeit, Aufmerksamkeit, Empathie und vieles andere mehr. Das kann anstrengend sein, ja. Aber in dieser Phase deines Lebens wird dir vermutlich bewusst werden, wie wichtig diese Zutaten für eine tiefe Verbindung sind. Vielleicht erhältst du diese Karte, weil du deinen Fokus wieder mehr auf eine solche Verbindung ausrichten solltest. Unter Umständen kam das in der letzten Zeit zu kurz oder stand gar nicht auf dem Plan. Nun allerdings erwarten dich Erfahrungen mit einem tollen Menschen und das Aufbauen oder Vertiefen einer besonderen Beziehung. Halte deswegen unbedingt deine Augen offen und freue dich auf verbindende, emotionale Zeiten.

**Fragen**

Wer ist diese wichtige, großartige Person in meinem Leben? Was möchte ich ihr geben? Was wünsche ich mir von ihr? Wie kann ich unsere Verbindung stärken? Habe ich das, was ich mir von partnerschaftlichen, freundschaftlichen, familiären oder beruflichen Beziehungen wünsche? Was fehlt mir?



**Nächste Schritte**

1) Verbringe Zeit mit deinen/deinem/deiner Liebsten! Unsere Beziehungen werden besser mit der Zeit, die wir in sie investieren. Bei wem also möchtest du gerade am liebsten sein?
2) Genieße, was du hast! Auch wenn es Sinn macht, zu hinterfragen und zu schauen, was man selbst und andere besser machen können, solltest du dich auch einfach mal hingeben. Es muss nicht immer etwas verbessert werden.
3) Balanciere Geben und Nehmen! Achte darauf, dass du in Beziehungen gesehen, gehört und gewertschätzt wirst und praktiziere das genauso auch anders herum für deine Liebsten.

## ✦ DREI DER KELCHE ✦

ELEMENT WASSER

FEIER, NETZWERKE,
FREUNDSCHAFTLICHE GRUPPEN

**Bildsprache**

Hoch die Kelche, es gibt etwas zu feiern! Drei aufeinandergestapelte Kelche von drei verschiedenen Personen erinnern an die ersten Bauversuche einer Champagner-Pyramide, wie man sie von großen Festlichkeiten kennt.

**Interpretation**

Zeit zu singen, zu tanzen, zu springen und zu hüpfen. Hast du etwas Großartiges geschafftt? Oder bist du kurz davor? Hat eine/r deiner Liebsten einen Meilenstein erreicht? Gibt es einen Grund, sich mal richtig ausgelassen und intensiv über etwas zu freuen? Diese Karte signalisiert: Es ist Zeit zu feiern. Ob beruflich oder privat, du darfst dich nun locker machen, dich mit anderen verbinden und dann auf euch, euer Leben und all die darin enthaltenen Geschenke anstoßen. Vielleicht ist es aber auch gerade an der Zeit, mit anderen gemeinsam etwas zu schaffen, um später genau diese Erfolge feiern zu können? Allein können wir viel (er)schaffen, zusammen noch viel mehr. Schätze dich glücklich, wenn es Menschen in deinem Leben gibt, die mit dir zusammen an etwas arbeiten, das dir viel bedeutet. Und wenn du diese Menschen noch nicht hast, solltest du nun aufmerksam Ausschau halten. In der nächsten Zeit geht es für dich nämlich vor allem darum, Erfolge, Freundschaften und das Leben selbst mit Menschen zu feiern, die du schätzt.

**Fragen**

Was bedeutet mir Freundschaft? Habe ich Menschen, an die ich mich immer wenden kann und die mein Leben schöner machen? Wie kann ich uns und unsere Verbindung feiern? Welche Projekte würden mir gemeinsam mehr Freude machen als allein? Kann ich jemanden einladen, mit mir zusammenzuarbeiten?

**Nächste Schritte**

1) Zusammen- statt Alleinsein. Verbinde dich mit Menschen, die dich glücklich machen, und genießt die gemeinsame Zeit.
2) Paaarty! Ein schicker Restaurantbesuch, ein spontanes Picknick im Garten oder ein Spieleabend bei dir zu Hause wären doch perfekte Gelegenheiten, um das Leben zu feiern.
3) Sei offen für neue Menschen! Nicht nur alte Freundschaften können jetzt vertieft werden, sondern auch die neuen stehen unter einem guten Stern. Streck mal deine Fühler aus und schau, wer dich anzieht, interessiert und inspiriert.

## ✦ VIER DER KELCHE ✦

ELEMENT WASSER

**GENERVTHEIT, LUSTLOSIGKEIT, ABKEHR**

### Bildsprache

Vier Kelche sind in dieser Szene nicht uns als Betrachter*innen zugewendet, sondern stehen sich selbst in einem Spiegel gegenüber. Es findet keinerlei Interaktion statt, die Kelche berühren sich nicht. Wir können sie durch den Spiegel aus jedem Blickwinkel, von vorne und von hinten, sehen. Sehen sie uns auch?

### Interpretation

Wenn du dich in letzter Zeit von deinem Umfeld abgewendet und eine Phase der inneren Einkehr erlebt hast, kann nun ein guter Zeitpunkt sein, aus deiner Isolation wieder herauszukommen. So hilfreich die Innenschau manchmal auch sein mag, wenn die Zurückgezogenheit zu lange andauert, können wir die Geschenke der Welt nicht mehr erkennen. Dir muss bewusst sein, dass du im Rückzug alles ausblendest – das Schlechte, aber auch das Gute. Egal, wie unangenehm es also sein mag: Mach die Türen und Fenster auf, lass die Welt herein und erkenne, was da draußen alles auf dich wartet. Du wirst klarer sehen, wenn Innen- und Außenwelt im Einklang leben und nicht gegeneinander arbeiten.

### Fragen

Wie stehe ich aktuell zur Außenwelt? Ist sie mir freundlich oder feindlich gesinnt? Welche Ängste oder Befürchtungen plagen mich? Welche Geschenke übersehe ich unter Umständen? Was nervt mich am meisten? Wovor möchte ich am liebsten wegrennen? Welche dieser Probleme werden vermutlich besser, wenn ich mich ihnen aktiv stelle?



**Nächste Schritte**

1) Geh raus! Aus deinem Kopf, aber auch ganz wortwörtlich in die Natur und unter Menschen. Tausche dich mit anderen Menschen über deine Ansichten aus und bekomme so ein Bild vom großen Ganzen.
2) Erkenne all die kleinen Geschenke! Es ist leicht, sich im Alltag zu verlieren oder in besonders herausfordernden Zeiten die Fähigkeit einzubüßen, die kleinen Dinge wertzuschätzen. Mach doch heute mal ganz bewusst deine Augen auf, erfreue dich am Sonnenschein oder dem leckeren Geruch aus der Küche, der lustigen Nachricht eines lieben Menschen oder an der Tatsache, dass du keine Schmerzen hast. Was immer es ist: Es ist ein Geschenk.
3) Überprüfe deine Erwartungen! Manchmal ziehen wir uns zurück, weil wir (insgeheim) traurig oder enttäuscht sind. Werde dir bewusst, was genau dich gerade bedrückt und wie du deine Perspektive wechseln kannst, um dich besser zu fühlen.

## ✦ FÜNF DER KELCHE ✦

ELEMENT WASSER

TRAUER, REUE, HOFFNUNG

### Bildsprache

Klassischerweise steht diese Karte im Tarot für den Verlust von etwas, für tiefe Trauer und für den Blick in die Vergangenheit. Die Bildsprache in diesem Kartendeck aber verweist auf den hoffnungsvollen Aspekt der fünf Kelche. Wenn wir unseren Blick und unseren Fokus nach vorne richten, sind wir imstande, die heruntergefallenen Kelche aufzuheben, sie sauber zu machen und einfach erneut aufzustellen. Sieh nur, wie schön sie im Sonnenlicht wieder glänzen, wenn wir sie nicht aufgeben.

### Interpretation

Hast du gerade etwas oder jemanden verloren, ist etwas erheblich schiefgegangen, oder hast du eine Enttäuschung zu verkraften? Diese Karte kommt zu dir, wenn du einen Wegfall oder einen Mangel zu beklagen hast. Eventuell bereust du auch einen Fehler und kannst ihn dir einfach nicht vergeben. Es scheint etwas zu geben, das du nicht loslassen kannst, weshalb du dich nun ganz auf diesen Schmerzpunkt konzentrierst. Eventuell spürst du bewusst auch gar nichts, es arbeitet jedoch unterbewusst etwas in dir, das dich immer noch traurig oder wütend macht. Es ist nun wichtig, deinen Fokus von der Vergangenheit abzuwenden, sofern du nichts mehr ändern kannst. Wenn noch etwas zu verändern ist, dann ist dies eine Erinnerung an deine Handlungsfähigkeit und deine Macht. Es ist erst verloren, wenn es wirklich verloren ist.

**Fragen**
In welchem Bereich blicke ich immer noch in Wut, Trauer oder Reue zurück, obwohl nichts mehr zu ändern ist? Welche Themen, wo ich etwas verändern könnte, lasse ich dafür links liegen? Habe ich alle Gefühle, die es zu einer bestimmten Sache zu fühlen gibt, ausgelebt, damit ich nun in Frieden weiterleben kann?

**Nächste Schritte**
1) Lass die Vergangenheit ruhen! Vielleicht brauchst du dafür (therapeutische) Hilfe, musst dich bewusst noch einmal mit dem Schmerz auseinandersetzen oder aktiv Abschied nehmen. Versuche herauszufinden, wie du dich am besten vom Gestern lösen kannst.
2) Suche nach Ankern! Das können deine Freund*innen sein, deine Familie oder andere Personen, die du liebst. Es ist außerdem auch möglich, einen Anker in gewissen Routinen, in Bewegung oder den schönen Dingen des Alltags zu finden. Was erdet dich und bringt dich zurück in die Gegenwart?
3) Vergib dir selbst und anderen! Enttäuschungen, Verluste und schmerzhafte Erfahrungen sind furchtbar, keine Frage. Wenn sich der Sturm aber gelegt hat, ist es für alle Beteiligten ratsam, weiterzumachen, Fuß zu fassen und nicht zu sehr zurückzublicken.

## ✦ SECHS DER KELCHE ✦

ELEMENT WASSER

**NOSTALGIE, INNERES KIND, WURZELN**

### Bildsprache

Ein einziger von sechs Kelchen steht in unserer Hand, den Rest jonglieren wir auf diesem kleinen Fundament. In der Mitte des Ganzen der Fixstern, der alle Bereiche unseres Lebens miteinander verbindet und sie zusammenhält. Wacklig ist diese Kelch-Pyramide nur, wenn unsere Basis nicht sicher ist. Wie sieht es mit deiner aus?

### Interpretation

Bist du bereit für eine Reise in die Vergangenheit? Wenn diese Karte ihren Weg zu dir findet, solltest du dich anschnallen und bereit machen für einen Moment aus deinem früheren Leben. Vielleicht kommt eine Person zurück zu dir, die du schon lange nicht mehr gesprochen hast, vielleicht findet ein Besuch in der alten Heimat statt, oder dir fällt ein Fotoalbum aus fast vergessenen Tagen in die Hände. Was auch immer es ist: Die Vergangenheit möchte in Kontakt zu dir treten. Das tut sie nicht, um alte Wunden aufzureißen oder um dich von der Gegenwart fernzuhalten, sondern nur, um dich an dein Fundament zu erinnern. Die gesamte Kraft eines Baumes steckt in seinen Wurzeln, und so ist das auch bei dir. Versuche deshalb in der nächsten Zeit, Stärke und Selbstvertrauen aus deiner Vergangenheit zu ziehen, egal, ob dir schlechte oder gute Dinge passiert sind. Das alles hat dich zu dem Menschen gemacht, der du heute bist. Und das ist genauso kitschig wie wahr. Jetzt ist außerdem ein guter Zeitpunkt, mit deinem inneren Kind in Kontakt zu treten, mit dem Teil also, der die

Bedürfnisse, Wünsche und Ängste deiner kindlichen Anteile hält. Die Vergangenheit kann dir ein guter Wegweiser für die Zukunft sein, wenn du dich nicht an ihr festklammerst.

### Fragen

Welche Gefühle verbinde ich mit der Vergangenheit? Was bedeutet Zurückschauen für mich? Kann ich mich an Altes erinnern, ohne mich damit stark zu identifizieren? Habe ich die Vergangenheit insoweit losgelassen als sie mir nicht mehr schadet? Welche Person aus alten Tagen vermisse ich?

### Nächste Schritte

1) Lass dich einholen! Normalerweise wird Menschen immer geraten mit Vergangenem abzuschließen, aber manchmal kann es auch ratsam sein, sich bewusst einholen zu lassen, zu resümieren, Lektionen zu erkennen und erst dann weiterzumachen.
2) Erinnere dich an das Kind, das du einmal warst! Viel weniger kopflastig, sehr viel mehr im Moment, interessiert am Leben und offen für ganz vieles. Ist es nicht eine gute Idee, dir von diesem Kind etwas abzuschauen?
3) Hol die positiven Aspekte der Vergangenheit ins Jetzt! Egal, ob es sich hierbei um Menschen, Dinge oder Verhaltensweisen handelt: Wenn dir etwas fehlt und du glaubst, es würde dein jetziges Leben bereichern, ruf die Person an, kram die Gegenstände raus oder lass dich inspirieren von Altem.

## ✦ SIEBEN DER KELCHE ✦

ELEMENT WASSER

MÖGLICHKEITEN, TAGTRÄUMEN, UNENTSCHLOSSENHEIT

### Bildsprache

Da sieht man fast den Wald vor lauter Bäumen, beziehungsweise die Kelche vor lauter Flügeln nicht mehr. Alle möglichen Freuden und erfüllenden Beziehungen, die von den Kelchen repräsentiert werden, schwirren um uns herum, und wir müssen eigentlich nur noch zugreifen. Aber wenn alles so schön aussieht und so viel von allem da ist, wie sollen wir uns da nur entscheiden?

### Interpretation

Es ist alles zum Greifen nah. Ob es dir bewusst ist oder nicht: Du hast zurzeit viele verschiedene Optionen, die dir allesamt eine wunderschöne Zukunft ermöglichen könnten. Vermutlich fällt es dir schwer, dich festzulegen, weil dann alle anderen Möglichkeiten vor deinen Augen hinfortfliegen. Aber genau dieses Denken könnte zu einem Problem werden. Wenn du dich in Tagträumen verlierst, weil alles so schön glitzert und funkelt, kann es sehr gut sein, dass das Leben zu gegebener Zeit eine Entscheidung für dich trifft. Und es ist fraglich, ob dir die dann gefällt. Du kannst nicht alles auf einmal haben und tust gut daran, dir zu überlegen, was dich gerade wirklich glücklich macht und was du nur aus Angst, etwas zu verpassen, weiterverfolgen würdest. Die Türen zur Erfüllung deiner Träume stehen dir offen, aber du kannst nicht durch alle gleichzeitig gehen. Lege dich erst einmal auf einen Traum fest. Den kannst du voller Kraft und Hingabe verfolgen. Und keine Angst: Zu einem späteren Zeitpunkt öffnen sich auch wieder andere Türen.

**Fragen**

Was kann mir dabei helfen, eine Entscheidung zu treffen? Was habe ich im schlimmsten Fall zu verlieren, wenn ich mich festlege und dabei andere Möglichkeiten hintanstelle? Was kostet es mich, keine Entscheidung zu treffen? Was sagt mein Herz?

**Nächste Schritte**

1) Mach dir bewusst, was dich beeinflusst! Welche Faktoren hemmen dich dabei, eine Entscheidung zu treffen? Sind es Gefühle, Menschen, Ängste? Wenn du Klarheit darüber hast, kannst du viel besser damit umgehen.
2) Fertige eine Prioritätenliste an, in der du festhältst, was du wann und warum tun möchtest und versuche herauszufinden, welchen Platz welche Option in deinem Leben gerade wirklich einnimmt.
3) Entspanne dich! Du hast nicht so viel Druck, wie du vielleicht glaubst und mehr Zeit, als du denkst. Alles kann erledigt und erreicht werden, aber viel besser nacheinander und nicht gleichzeitig.

## ✦ ACHT DER KELCHE ✦

ELEMENT WASSER

STAGNATION, LOSLASSEN, ENTSCHEIDUNG

### Bildsprache

Nur ein einzelner Kelch bleibt in sicherer Position. Die sieben, die gerade noch so schön mit ihren roten Flügeln vor uns geflogen sind, sind nun im freien Fall. Saturn, der Herrscher über Regeln und Strukturen, wacht über sie. Und auch eine Sternschnuppe, die uns eigentlich jeden Wunsch erfüllen soll, begleitet sie in ihrem Sturz. Ist der Fall am Ende vom Universum geplant und gar nicht so schlimm, wie wir vielleicht erst einmal denken?

### Interpretation

Diese Karte kommt zu dir, wenn es darum geht, etwas Altes loszulassen, um Neuem Raum zu geben. Vielleicht hast du das Gefühl, stillzustehen, zu stagnieren oder irgendwo festzuhängen (zumindest gedanklich, eventuell aber auch körperlich). Fühlst du dich wohl, wo du bist, oder stört dich schon lange etwas? Sieh diese Karte als Einladung, dich freizumachen. Neue, bessere Dinge und Menschen können oft erst dann in unser Leben kommen, wenn wir vorher ganz bewusst Raum, Zeit und Energie für sie schaffen. Versuche, ausfindig zu machen, wo du gerade hängst, und gehe es an. Es könnte auf deinem Weg zum Glück ein größeres Hindernis sein, als du dir aktuell vielleicht vorstellen kannst.

**Fragen**

Von was habe ich in meinem Leben gerade zu viel? Was versperrt mir den Weg zum Glück? Muss ich etwas loslassen? Fürchte ich mich davor oder blicke ich dem Abnabelungsprozess freudig entgegen? Was sind meine Bedenken? Gibt es eine Wahrheit, die ich nicht wahrhaben möchte?

**Nächste Schritte**

1) Erschaffe ein Vakuum! Mach Platz für schöne Gefühle, indem du Altes loslässt – selbst wenn du noch gar nicht weißt, was diesen Raum am Ende füllen wird. Die Leere wird automatisch dafür sorgen, dass etwas in dein Leben trudelt und dann auch Platz findet.
2) Verabschiede dich! Lebewohl zu sagen kostet oft Mut und Tränen. Spätestens wenn die Trauerphase abgeschlossen ist, wirst du merken, wofür es gut war.
3) Bleibe dir selbst treu! Es macht keinen Sinn, an Dingen festzuhalten, die irgendwann einmal gut waren, es aber schon lange nicht mehr sind. Es ist okay, sich zu verändern und sich für eine neue Weggabelung zu entscheiden.

## ✦ NEUN DER KELCHE ✦

ELEMENT WASSER

WUNSCHERFÜLLUNG, INNERE RUHE, GLÜCK

### Bildsprache

Die Partygirlanden sind aufgehängt und vor uns wurden die Kelche aufgestellt. Es sind so viele, dass sie gerade noch auf das Bild passen. Unsere Gefühle, die die Kelche symbolisieren, laufen über, überwältigen uns aber nicht. Siehst du, wie schön geordnet alles ist? Wie perfekt aufeinander abgestimmt? Wie ein Kelch den anderen trägt? Unsere Gefühle, die die Kelche symbolisieren, sind reichlich vorhanden, überwältigen uns aber nicht. Im Hintergrund zeigt sich schon skizzenhaft unser Fixstern. Sieht aus, als seien wir auf genau dem richtigen Weg.

### Interpretation

Das Leben ist unglaublich schön, findest du nicht auch? Wenn diese Karte zu dir kommt, bist du aufgerufen, dich einmal richtig zu verwöhnen. Du scheinst etwas erreicht zu haben oder demnächst zu erreichen und hast allen Grund zu überschwänglicher Freude. Gesundheit, Liebe und auch materielle Unabhängigkeit kann nun besonders leicht den Weg zu dir finden. Das Leben ist wirklich gut zu dir. Und falls es das nicht ist: Sieh die Karte als Erinnerung, dich auf die schönen, guten und süßen Seiten zu konzentrieren. Wenn sie in Zeiten des Chaos, der Traurigkeit oder während einer Krise zu dir kommt, ist ihre Nachricht umso wichtiger. Sei gut zu dir! Du hast das beste Leben der Welt verdient! Hol es dir! Du hast so viel gemeistert und überwunden, du solltest es dir gut gehen lassen. Suche nach dem, was dir Frieden bringt, ein inneres Gefühl der Zufriedenheit und Ruhe. Entspannung und Ausgeglichenheit sind nun die wichtigsten Faktoren, um dein Leben erfüllter zu machen.



**Fragen**

Welcher Wunsch hat sich in der letzten Zeit erfüllt? Habe ich das bewusst und wertschätzend wahrgenommen? Kann ich Freude und Zufriedenheit auch ohne Ekstase spüren? Oder brauche ich in meinem Leben extreme Ausschläge nach oben und unten? Was passiert, wenn ich ganz ruhig werde?

**Nächste Schritte**

1) Wünsch dir etwas! In Zeiten wie diesen, wo es darum geht, dass deine Wünsche sich erfüllen, ist das umso wichtiger. Was also ist es, was dein Herz begehrt?
2) Weg von Extremen! Wir alle sind abhängiger von Drama, als wir zunächst denken. Die höchsten Hochs und die tiefsten Tiefs sind aber niemals nachhaltig. Wie wäre es mit etwas Ausgeglichenheit?
3) Feiere dich! Das Leben ist schön und du mittendrin. Grund genug, dich selbst zu beschenken und gut zu dir zu sein.

## ✦ ZEHN DER KELCHE ✦

ELEMENT WASSER

**ERFÜLLUNG, FAMILIE, SCHÖNSTE BEZIEHUNGEN**

### Bildsprache

Hier sehen wir die absolute Fülle an Kelchen, die für unsere tiefsten und überschwänglichsten Gefühle und Beziehungen stehen. Aber es sind nicht nur die vielen Kelche, die unsere Aufmerksamkeit wecken. Es ist vor allem das große, perfekte, rote Herz in ihrer Mitte, um das die Kelche kreisen wie Planeten um die Sonne. Das Herz verbindet sie miteinander. Unsere Gefühle und Beziehungen sind im Einklang. Bist du bereit für gute Zeiten?

### Interpretation

Diese Karte kommt immer dann zu dir, wenn dir bewusst werden soll, wie wichtig es ist, dass wir uns im Leben sicher gehalten, geschützt und geliebt fühlen. Liebe, Zuneigung, Verbundenheit, tiefe Gespräche, emotionale Sicherheit, Freude und Glückseligkeit möchten sich nun auf den Weg zu dir machen. Die Zehn der Kelche stimmt oftmals eine Zeit der Dankbarkeit ein, eine Zeit, in der dir klar werden soll, wie wundervoll deine Beziehungen sind. Wer auch immer dir Halt gibt und dich liebt, so wie du bist, ist nun im Fokus. Verbringe deine Zeit mit Menschen, die dir guttun, pflege bestehende Bindungen und mache dein Zuhause so schön und gemütlich, wie es nur irgendwie geht.
Neue Menschen, die du jetzt kennenlernst, bleiben vermutlich für längere Zeit in deinem Leben. Genieße dieses himmlische Glück, das dich umgibt.

**Fragen**

Welche Beziehungen bedeuten mir am meisten und warum? Bin ich bereit, mich auf diese zu fokussieren und sie noch tiefer werden zu lassen? Gibt es andere Beziehungen, die mir nicht so viel geben und deshalb meine Energie aktuell nicht verdienen? Was und wer macht mich wirklich glücklich?

**Nächste Schritte**

1) Wertschätze, was du hast! Die Menschen in deinem Leben, die du liebst und die dich ebenso lieben, sind pures Gold. Bekommen sie von dir aktuell die Aufmerksamkeit, die sie verdienen?
2) Beschäftige dich mit deinem Zuhause! Der Ort, an dem du lebst, ist die Wurzel eines jeden neuen Tages, an dem du erwachst und das Lebewohl an jedem Abend, wenn du dich ins Bett legst. Mach es schöner, mach es zu einem Teil von dir und fühle dich dort gehalten und geschützt.
3) Öffne dein Herz für neue Menschen! Jede Beziehung, die du jetzt eingehst, hat das Potenzial zu Gold zu werden. Nimm die Menschen, die aktuell in dein Leben kommen, also genau unter die Lupe, lass dich ein und sei gespannt, welch schöne Blumen aus dieser Verbindung erwachsen.

## ✦ PAGE DER KELCHE ✦

ELEMENT WASSER

ÜBERRASCHUNG, SENSIBILITÄT, SCHÜCHTERNHEIT

### Bildsprache

Ein goldener Vorhang öffnet sich, und vor unseren Augen erscheint der Kelch der Gefühle und Beziehungen. Er ist auf einer himmlischen Wolke und einem roten Kissen gebettet, das rot leuchtet wie die Liebe. Ganz zart erblühen rote Blumen im unteren Teil der Szene und strecken sich dem Kelch neugierig entgegen. Sind wir ebenso bereit zu wachsen?

### Interpretation

Solltest du dich in letzter Zeit in ein Schneckenhaus verkrochen haben, ist es nun an der Zeit, dort langsam wieder herauszukommen. Das Leben wartet mit schönen Überraschungen. Es bittet dich, deine Schüchternheit zu überwinden und einen Blick zu wagen. Insbesondere, wenn du ein sehr sensibler Mensch bist, ist der Lärm der Welt für dich vielleicht manchmal zu laut und ihre tausenden Möglichkeiten überfordern dich. Verlierst du dich lieber in deinen ganz eigenen schönen, warmen, behüteten Tagträumen, als dich der wilden Aufregung zu stellen? Sieh diese Karte als Einladung, dich vor die Tür zu begeben, um zu schauen, was da draußen alles auf dich wartet. Mit Sensibilität und Kreativität lässt sich viel erreichen. Du bist gefragt und wichtig, auch und gerade dann, wenn du kindlich, träumerisch, zart und verspielt bist. Lass die Welt diese Seite von dir sehen, bleib neugierig und offen und gib dich deiner Kreativität und Schaffensfreude hin.

## Fragen

Bin ich bereit, mich den Überraschungen dieser Welt zu öffnen? Wo sind meine kindliche Neugier und Offenheit? Lebe ich beides offen aus, oder erscheint mir das lächerlich? Wie kann ich in der nächsten Zeit etwas Platz für mein inneres Kind machen? Bin ich zu zurückhaltend, wenn es darum geht, mich so zu zeigen, wie ich bin?



## Nächste Schritte

1) Spiele! Mit dem Leben, deinen Möglichkeiten, mit Farben, Formen und deiner Fantasie. Ein Teil von dir ist immer noch das kleine Kind, das du einmal warst. Ab auf den Spielplatz mit euch und eine Runde lustig schaukeln!
2) Sei dankbar für deine Emotionalität! Sensibel zu sein, wird in unserer Gesellschaft oft als Zeichen von Schwäche gedeutet, dabei ist es genau das Gegenteil. Du siehst, hörst, fühlst und denkst intensiv. Das kann dir Einsichten, Momente und Erfolge bescheren, die sich manch andere Menschen gar nicht ausmalen können.
3) Halte die Augen auf für Überraschungen! Sei offen für alles, was da kommen mag und freue dich auf unerwartete Geschehnisse, die der Anfang von etwas Großartigem sein können.

## ✦ RITTER DER KELCHE ✦

ELEMENT WASSER

CHARME, KUNST, ROMANTIK

### Bildsprache

Der Ritter erobert uns mit Rosen, einem Kelch voller Gefühle und verspricht außerdem Schutz und Halt durch den Einsatz seines Schildes. Wie immer verbinden sich hier Strahlkraft der Sonne und Intuition des Mondes. Der Ritter allerdings ist der Tiefe der Nacht und ihren Verlockungen ganz offensichtlich sehr viel mehr zugewandt als dem Offensichtlichen des Tages. Lassen wir uns von ihm verzaubern?

### Interpretation

Wenn diese Karte zu dir kommt, darfst du dich auf die unverbindliche Welt der Künste einlassen. Kreativität entsteht nicht durch strikte Vorgaben und immerwährende Garantien, sondern dadurch, dass man sich einlässt und öffnet, auch wenn es keine Versprechungen gibt. Die Kunst steckt voller Charme, weil sie uns überrascht, unberechenbar ist und uns neue Blickwinkel präsentiert.

Vielleicht lebst du auch gerade in einer Beziehung, die nicht definiert ist. Romantik und Anziehung stehen nicht immer unter dem Stern der Klarheit, geschweige denn der Ewigkeit. Mache dir deutlich, was du wirklich von bestimmten Menschen und Situationen willst und ob es tatsächlich so wichtig ist, genau zu wissen, wo die Reise hingeht. Unter Umständen kannst du den Weg auch genießen, ohne das Ziel zu kennen?

**Fragen**

Wie gehe ich mit Unberechenbarkeiten, Unvorhersehbarem und Planlosigkeit um? Inspirieren sie mich oder machen sie mich wahnsinnig? Wo fokussiere ich mich in meinem Leben zu sehr auf Garantien, feste Versprechen oder ein Ziel? Ist es mir möglich, ein wenig mehr auf den Weg zu vertrauen (insofern er sich gut anfühlt)? In welchem Bereich büße ich Romantik, Sinnlichkeit, Leichtigkeit und Freude ein, um mich auf alle Eventualitäten vorzubereiten? Kann ich die Kontrolle loslassen?

**Nächste Schritte**

1) Lerne von der Welt der Künste! Nicht immer ist alles plan- und umsetzbar, auch wenn es vorher vielleicht so schien. Das kann auch befreiend und sein und Druck mindern.
2) Vertraue! Alles, was passiert, sollte so passieren und gibt uns eine Lektion über das Leben und die Welt, in der wir leben, mit auf den Weg.
3) Sei flexibel! Du musst dich nicht immer festlegen. Ab und an gibt es nichts Schöneres, als seinen Gefühlen zu folgen, auch mal etwas total Verrücktes zu tun und die Welt zu überraschen.

## ✦ KÖNIGIN DER KELCHE ✦

ELEMENT WASSER

MÜTTERLICHKEIT, THERAPIE, UNTERBEWUSSTSEIN

### Bildsprache

Gefühle, Gefühle, Gefühle: Unsere Emotionen und Bedürfnisse, die durch den Kelch repräsentiert werden, werden in dieser Szene von weiblich-emotionaler Energie gekrönt. Es regnet Monde, die für Intuition stehen. Wir befinden uns damit im Zenit unserer Feinfühligkeit, unserer Fürsorge und unserer Fähigkeit, hinter Fassaden und Masken zu blicken. Bist du bereit für einen Röntgenblick in deine Seele?

### Interpretation

Du selbst oder jemand anders in deinem Leben ist nun in der Lage, tief und wahrhaftig bis auf den Grund deines Herzens zu tauchen. Nicht umsonst wird die Königin der Kelche im Tarot oft mit psychologischer oder psychotherapeutischer Hilfe in Verbindung gebracht. Sie könnte ein Hinweis sein, dass es Zeit ist, dir Hilfe zu suchen: eine starke, mütterliche Person (unabhängig vom Geschlecht), die imstande ist, dich zu ergründen und bei der du verletzlich sein darfst. Vielleicht gibt es diese Person in deinem Leben schon? Vielleicht ist es Zeit, sich wieder öfter zu sehen, ihr deine Probleme anzuvertrauen oder einfach zu reden? Vielleicht bist auch du die Königin. Dann steht dir eine Zeit bevor, in der du vieles verstehen, nachempfinden, fühlen und durchblicken kannst. Du hörst keine leeren Worte mehr, siehst in keine nichtssagenden Gesichter, hast Zugang zu einer Metaebene, die dir vorher unbekannt war. Vertraue deiner Intuition und verlasse dich auf dein Bauchgefühl. Bei der Königin geht es immer um eine Art der (Selbst-)Führung, das kannst du jetzt am besten, wenn du auf dein Herz hörst.



**Fragen**

Was sehe ich, wenn ich mich umblicke (in mir selbst und in der Welt)? Was höre ich? Was fühle ich? Was sagt mir das? Kann ich mich auf meine Intuition verlassen? Wovon mache ich mein Bild von der Welt und von mir selbst abhängig? Brauche ich Hilfe? Wobei kann ich anderen gerade gut helfen?

**Nächste Schritte**

1) Sei anderen eine Hilfe oder hole dir selbst welche! Diese Karte symbolisiert ein sehr starkes mütterliches Prinzip. Frage dich, welche Art von Mütterlichkeit du gerade gerne hättest, beziehungsweise zu geben hast. Niemand ist eine Insel, und wir alle brauchen einander.
2) Achte deine Grenzen! Gerade wenn du sehr empfänglich und offen bist, ist es wichtig, sie zu schützen. Das heißt nicht, dass du dich zurückziehen und nicht mehr helfen solltest, wo du gebraucht wirst, sondern dass du auf ausgewogene Weise gibst und dich gleichzeitig selbst gut versorgst.
3) Sieh das große Ganze! Es kann sein, dass du jetzt empfindsamer und aufmerksamer bist für Zusammenhänge. Nun kann eine gute Zeit sein, dein (Welt-)Bild vielleicht noch einmal zu überdenken.

## ✦ KÖNIG DER KELCHE ✦

ELEMENT WASSER

WEISHEIT, VÄTERLICHKEIT, DIPLOMATIE

### Bildsprache

Der Kelch ist nun am Ziel angekommen. Die Hand, die ihn schon zu Beginn hielt, umfasst ihn immer noch sicher. Mit diesem Fundament können wir weise, diplomatische und königliche Entscheidungen treffen. Bei keinem anderen König ist der Mond so wichtig wie bei diesem, denn die Kelche stellen die größte Verbindung zu unseren Gefühlen dar.

### Interpretation

Die höchste aller Kelch-Karten stellt den Zustand dar, den du erreichst, wenn du alle Gefühle, alle Hochs und alle Tiefs durchlebt hast. Du wirst ruhiger, entspannter und bist ganz automatisch in der Lage, weisere, fairere und weitsichtigere Entscheidungen zu treffen. Du fühlst dich irgendwie angekommen, so als hättest du nichts mehr zu befürchten, da du schon so viele Hürden genommen und überstanden hast. Wenn diese Karte zu dir kommt, ist es an der Zeit, Diplomatie walten zu lassen und dich nicht mehr nach dem nächsten Gefühlskick zu verzehren. Du bist dazu aufgerufen, die Dinge in deinem und im Leben anderer aus der Vogelperspektive zu beobachten, um ein möglichst objektives Bild zu bekommen. Erst wenn du in der Lage bist, nicht mehr nur deinen eigenen kleinen Standpunkt zu sehen, kannst du mit Mitgefühl und Güte handeln. Wir unterschätzen oft, dass es gerade in sehr konsum- und leistungsorientierten Gesellschaften Anführer*innen braucht, die ruhig, empathisch und intuitiv führen. Vielleicht führt auch dein Weg zu mehr Selbstvertrauen und

Selbstachtung über die innere Weisheit, Ruhe und Objektivität des Königs?

**Fragen**

Kann ich männliche Attribute wie Autorität, Willensstärke und Handlungsfähigkeit mit meiner Intuition verbinden? In welchen Bereichen könnte ich mehr Diplomatie und den Blick von oben gebrauchen? Wie finde ich in meinem Alltag zu mehr Ruhe und Entspanntheit? Kann ich in meinen (Selbst-)Führungsstil mehr Kreativität und Hingabe einfließen lassen?

**Nächste Schritte**

1) Werde ruhig! Führung und Stärke sind nicht immer gleichzusetzen mit hoher Lautstärke und ständigem Mitteilungsbedürfnis. Du kannst vor allem in der Stille viel bewegen.
2) Sieh deine Emotionen als Wegweiser! Sie sind nicht nur lästig und halten dich davon ab, die Ruhe zu bewahren. Sie wollen dir etwas sagen, deswegen ist nun ein guter Zeitpunkt, um zuzuhören.
3) Nimm Kontakt auf zu weisen und ruhigen Menschen in deinem Leben! Wer ist der beste Ratgeber und stützt dich, wenn du es gerade nicht gut kannst? Es ist immer schön, einen solchen Menschen in seinem Leben zu haben.

## ✦ ASS DER SCHWERTER ✦

ELEMENT LUFT

**NEUBEGINN, IDEEN, KLARHEIT**

### Bildsprache

Eine Hand, die für das Schaffen, Kreieren und Tun steht, erhebt sich aus wolkigen Nebelschwaden und hält dabei ein großes, kraftvolles Schwert. Das erste aller Schwerter. Dieses markiert den Anfang einer Phase von Logik, rationalem Denken und der Herrschaft eines kühlen Verstandes. Eine neue Reise beginnt, und wir dürfen uns dabei vor allem auf unsere Gedanken, die Kommunikation mit anderen und auf unsere Ideen verlassen.

### Interpretation

»Und allem Anfang wohnt ein Zauber inne«, wie Hermann Hesse so schön sagte. Passender kann man diese Karte kaum beschreiben. Dich erwartet ein Durchbruch oder ein Gedankenblitz, der alles verändern kann. Kennst du diese Momente, in denen ein einziges Wort, ein nebenbei gesagter Satz oder eine zufällige Begegnung etwas Großes in dir bewegt? Genau für solche Situationen solltest du nun offen sein. Etwas, das für andere vollkommen banal wirkt, kann dich nun zu Herausragendem motivieren. Du kannst nun an Klarheit und Sicherheit gewinnen, verstehst größere Zusammenhänge besser und kannst deine Erkenntnisse viel deutlicher mit anderen kommunizieren. Auf einmal ergeben Dinge einen Sinn, die vorher absolut unverständlich waren und du hast einfach das Gefühl, auf dem richtigen Weg zu sein. Genieße dieses neue Lebensgefühl.

**Fragen**
Was habe ich kürzlich festgestellt? Welchen Aha-Moment möchte ich zum Anlass nehmen, etwas in meinem Leben zu verändern? Welche neuen Projekte, Menschen, Gespräche oder Erlebnisse warten auf mich? Was sagt mir mein Verstand? Welche Handlungen sind logisch und ergeben einen Sinn?

**Nächste Schritte**
1) Schalte deinen Verstand ein! Oft rate ich davon ab, den Verstand als Hauptquelle für Entscheidungen zu nutzen, jetzt aber sage ich: Dein Kopf sollte diesmal das Rennen gewinnen und Ideen vorantreiben, die (vielleicht schon viel zu lange) nur dort zu finden waren.
2) Verbildliche deine Gedanken! Egal, ob auf einem Visionboard, einem Wunschzettel oder einer Mindmap. Schwarz auf weiß zu sehen, was deine Gedanken zum Rasen bringt, kann Wunder bewirken.
3) Wage einen Neubeginn! Mach was anders, starte etwas Neues, sei mutig. Mit einem logisch nachvollziehbaren Plan kann nichts mehr schiefgehen.

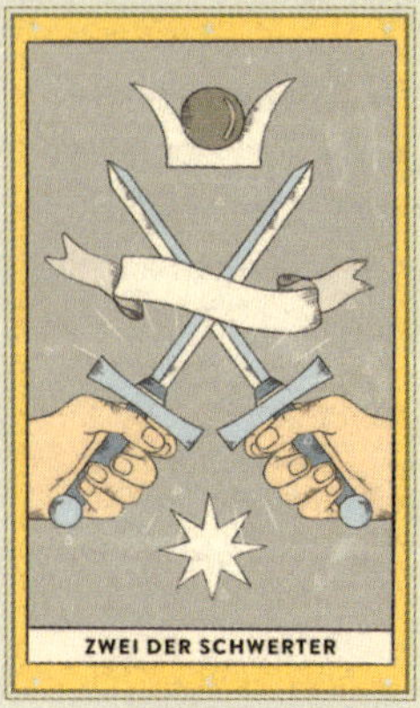


## ✦ ZWEI DER SCHWERTER ✦

ELEMENT LUFT

BLINDHEIT, VERDRÄNGUNG, ANGST

### Bildsprache

Die Schwerter liegen überkreuzt aufeinander, das darüber liegende Band nimmt die Bewegungsfreiheit. Wir blocken ab oder messen uns mit jemand anderem. Die Krone der weisen Hohepriesterin sowie unser Fixstern begleiten uns und werden wohl sehr hilfreich dabei sein, Verstrickungen, Blockaden und Hindernisse aufzulösen.

### Interpretation

Fühlst du dich als seien deine Augen verbunden und deine Hände geknebelt? Machtlos und hilflos? Oder vielleicht sogar ganz komfortabel dabei, weil du gar nicht vorwärtskommen oder klar sehen möchtest? Lass dich nicht von der Angst vor der Wahrheit zurückhalten, auch wenn sie wehtun und uns in unangenehme Situationen bringen kann. So zu tun, als würden wir nichts sehen oder hören, kann vorerst einfacher erscheinen. Aber die Wahrheit, die es jetzt für dich zu sehen gilt, wird nicht einfach verschwinden. Sie wird größer und größer und sich ihren Weg so lange zu dir bahnen, bis du endlich hinsiehst und dich ihrer annimmst.

### Fragen

Vor was verschließe ich die Augen? Was möchte ich gerne noch ein wenig aussitzen, bis ich mich darum kümmere? Von was verspreche ich mir, dass es sich schon irgendwie von allein löst? Wo in meinem Leben fühle ich mich macht- und hilflos? Was versuche ich gerade, am meisten zu vermeiden?



**Nächste Schritte**

1) Mach dir bewusst, was dich gerade wirklich zurückhält, und warum die Situation so für dich gemütlicher ist. Es ist keine Schande, sich selbst auch mal im Weg zu stehen. Wenn du dir dessen bewusst bist, ist es einfacher, dort wieder herauszukommen.
2) Entferne das Band! Am besten wie ein Pflaster: Augen auf und durch. Gibt es etwas mit jemandem zu besprechen, etwas zu beenden oder endlich anzufangen?
3) Setze dir ein Limit! Manchmal brauchen wir Zeit und müssen für bestimmte Schritte erst einmal in uns gehen und Mut fassen, bevor wir handeln können. Es kann aber helfen, einen Zeitraum festzulegen, der bestimmt, wie lange du noch in deiner Situation verharren kannst.

## ✦ DREI DER SCHWERTER ✦

ELEMENT LUFT

HERZSCHMERZ, TRAUER, WUT

### Bildsprache

Die Schwerter haben zugestochen. Mitten in unser großes schönes Herz. An drei verschiedenen Stellen stecken sie fest, und wir wissen nicht, ob es besser ist, sie stecken zu lassen und abzuwarten oder sie herausziehen, um endgültig zu heilen. Klar ist nur: Das tut weh und wird uns eine Zeit lang beschäftigen.

### Interpretation

Autsch! Wenn sich diese Karte auf den Weg zu dir macht, könnte dich jemand verletzen. Vielleicht kommt es in deinem Leben zu einem Streit oder einer Trennung, nicht immer aber muss es so dramatisch sein. Manchmal ist es auch nur ein Satz, den jemand zu dir sagt, der erst einmal banal und klein scheint, dich deine Verbindung zu dieser Person aber infrage stellen lässt. Unter Umständen verursachst aber auch du Schmerzen bei jemand anderem. Sei deshalb aufmerksam und prüfe genau, wie du dich anderen gegenüber verhältst. Oft sind es die Worte, die wir leichtfertig oder sogar »lustig« und »lieb gemeint« sagen, die anderen am meisten wehtun. Aber wer auch immer nun wen verletzt: Es kann nun hilfreich sein, ein klärendes Gespräch zu führen, bestimmten Wahrheiten ins Auge zu blicken und/oder etwas Schmerzhaftes gehen zu lassen. Nicht immer ist ein radikaler Schritt notwendig. Wenn Verletzungen immer und immer wieder passieren, ist es eine Überlegung wert, sich voneinander zu entfernen.

### Fragen

Was verletzt mich aktuell? Welche Person bereitet mir (immer wieder) Bauchschmerzen? Überdenke ich regelmäßig mein eigenes Verhalten? Gibt es eventuell Phasen, in denen ich besonders empfindsam, reizbar oder verletzend bin, ohne dass es unbedingt an meinem Gegenüber liegt? Wem habe ich in der letzten Zeit vielleicht wehgetan? Gibt es etwas, das ich deswegen tun möchte?

### Nächste Schritte

1) Kümmere dich erst einmal um deine Gefühle! In totaler Wut, Aufgelöstheit oder tiefer Trauer etwas lösen zu wollen, kann kontraproduktiv bis unmöglich sein. Beruhige dich also erst einmal, tu dir was Gutes und sortiere dich, bevor du weitermachst.
2) Führe ein Gespräch! Teile mit, was dich bewegt und eventuell verletzt hat, damit ihr die Sache klären könnt. Oftmals helfen schon ein paar ehrliche Worte, um die Lage zu entspannen.
3) Entschuldige dich gegebenenfalls! Wenn du jemandem wehgetan hast, ist es Zeit, sich aufrichtig zu entschuldigen. Selbst wenn du gemeint hast, was du gesagt oder getan hast: Gibt es vielleicht einen anderen Weg deine Anliegen zu kommunizieren?

## ✦ VIER DER SCHWERTER ✦

ELEMENT LUFT

ERSCHÖPFUNG, RUHE, HEILUNG

### Bildsprache

Es sieht ein wenig so aus, als seien die vier Schwerter Kreuze auf einem Friedhof. Wie Grabschmuck erscheinen die vier Klingen, die mit dem Griff nach oben in die Erde gesteckt wurden. Auch die Blumen, die drumherum wachsen und sich langsam nach oben strecken, erinnern an die Ruhestätten der Toten. Die Szene erscheint ruhig und friedlich, ist aber auch ebenso eindrücklich und mahnend.

### Interpretation

Es kann gut sein, dass du dich in der letzten Zeit sehr verausgabt hast und weit über deine Grenzen gegangen bist. Haben Unruhe, Stress, Deadlines, körperliche Beschwerden oder Streitigkeiten einen Großteil deiner Zeit ausgemacht? Diese Karte kommt zu dir, wenn alles viel zu viel ist. Sieh sie als Mahnung, dich besser um dich zu kümmern, dich gut zu behandeln und abzuwägen, ob dein Lebensstil dich wirklich glücklich macht. Es ist absolut okay, wenn wir Phasen haben, in denen in unserem Leben oder unserem Kopf viel los ist. Wir alle kennen das. Es sollte allerdings kein Normalzustand werden, damit der Stress sich nicht in deinem Körper und deiner Psyche verankert. Selbst wenn dir dein Tempo »normal« und »okay« vorkommt, kann es nun an der Zeit sein zu überprüfen, wie gut es dir wirklich geht. Ruhe, Entspannung und ein sehr viel langsameres Tempo können dir nun unglaublich guttun, dir ein Reset erlauben, um danach wieder gesünder, glücklicher und ausgeglichener zu sein.

**Fragen**

Gibt es Bereiche, in denen ich mich in letzter Zeit oder vielleicht sogar ganz regelmäßig und dauerhaft übernehme? Wie sehr definiere ich mich über Leistung? Bin ich zufrieden mit meinem jetzigen Lebensstil? Von welchen Dingen hätte ich (insgeheim) gerne mehr oder weniger?

**Nächste Schritte**

1) Drücke die Stoptaste! Selbst wenn gerade viel zu tun ist, nimm dir einen Moment, um bewusst durchzuatmen. Schließe die Augen, höre auf zu rennen und nimm dir kurz Zeit, auf dich zu hören.
2) Delegiere Aufgaben! Es ist nicht nötig, dass du alles allein schaffst. Gibt es eine Person, die dir wenigstens Kleinigkeiten abnehmen kann?
3) Ändere deinen Lebensstil! Auch wenn es in vielen Kreisen zum guten Ton gehört, stets beschäftigt und verplant zu sein, hilfst du dir und den Menschen um dich herum vermutlich am meisten, wenn du mal ganz bewusst das Gegenteil tust.

✦

# ✦ FÜNF DER SCHWERTER ✦

ELEMENT LUFT

SELBSTSABOTAGE, KONFLIKT, SCHEIN

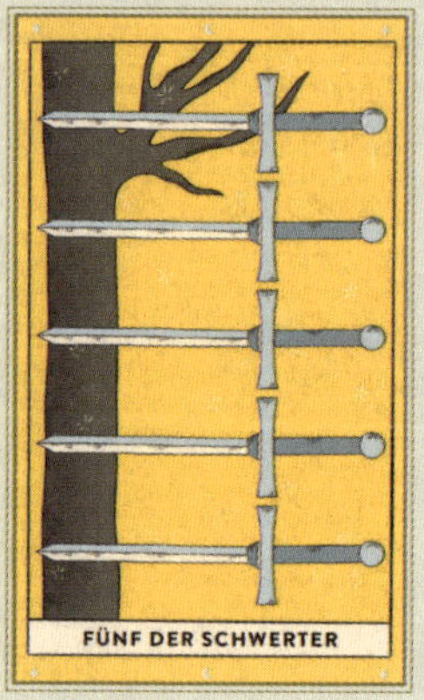


**Bildsprache**

Alle Schwerter übereinander aufgebaut scheinen stark und triumphierend. Sie durchbohren den Baum, der hinter ihnen steht, zwar nicht, kommen ihm aber bedrohlich nah. Die Schwerter dominieren das Bild ganz klar, die Frage aber ist: zu welchem Preis?

**Interpretation**

Im Leben scheint es so: Mal gewinnen wir, mal lernen wir dazu. Doch was, wenn ein Sieg nur vermeintlich ist? Diese Karte kommt zu dir, um dich zu warnen. Nicht jedes Mal ist es ein Erfolg, wenn du etwas kontrollieren kannst. Und nicht immer ist es erstrebenswert, am längeren Hebel zu sitzen, vor allem nicht, wenn es bedeutet, anderen Leid zuzufügen. Nun ist ein guter Zeitpunkt, um deine Motivation und deinen Antrieb zu hinterfragen. Warum tust du die Dinge, die du tust? Und was bringt das langfristig wirklich? Die beste Frage, die du dir jetzt stellen kannst, ist, ob du aus Liebe oder Angst handelst. Bei Liebe wird dein Brustkorb weit, alles fühlt sich leicht an. Bei Angst (und dazu gehören alle Formen von Angst, zum Beispiel Konkurrenzdenken, Streitlust und Rechthaberei) wird alles schwer, und du fühlst dich unter Druck gesetzt und gestresst, als wärest du auf der Jagd nach etwas. Du hast alles Glück der Welt verdient, deine Methoden und Beweggründe sollten aber ehrlich und liebevoll sein.

**Fragen**

Gehe ich für Erfolg über Leichen? Habe ich meinen eigentlichen Fokus aus den Augen verloren? Was motiviert mich, die Dinge zu tun, die ich tue? Verhalte ich mich fair anderen gegenüber oder geht es mir hauptsächlich um mein Wohl? Gibt es andere Menschen in meinem Leben, die sich rücksichtslos und egoistisch verhalten? Wie gehe ich damit um?

**Nächste Schritte**

1) Stelle dich selbst auf den Prüfstand! Deine Werte, moralischen Vorstellungen und Ansichten können sich manchmal unbemerkt verschieben. Zeit zu prüfen, ob du immer noch auf dem richtigen Weg bist.
2) Gehe gegen unfaires Verhalten vor! Nicht immer muss diese Karte dich selbst betreffen. Gibt es eine Person, die dein oder das Wohlbefinden anderer aus egoistischen Gründen gefährdet? Überlege dir, ob und inwiefern du daran etwas verändern kannst.
3) Entschuldige dich! Du bist ein Mensch und tust deswegen Dinge, die vielleicht nicht ganz so cool waren. Wenn du jemandem dabei wehgetan hast, ist nun ein guter Augenblick, um zu sagen, dass es dir leidtut.

## ✦ SECHS DER SCHWERTER ✦

ELEMENT LUFT

RESIGNATION, VERZWEIFLUNG, HOFFNUNG

**Bildsprache**

Sechs Personen, sechs Schwerter, sechs verschiedene Betrachtungsmöglichkeiten. Die Schwerter tun sich in dieser Szene zusammen, machen es für uns dadurch aber umso schwerer, sie zu unterscheiden. Sie trennen unsere Intuition, die vom Mond symbolisiert wird, von unserem Fixstern und machen Orientierung schwer.

**Interpretation**

Ganz schön viel los gerade? Könnte gut sein, denn zu dieser Karte passt die Redewendung »den Wald vor lauter Bäumen nicht mehr sehen« perfekt. Es kann sein, dass du nach einer Phase, in der du sehr deutlich gespürt hast, wohin du willst und warum du etwas tun willst, nun das Gefühl hast, irgendwo unterwegs verloren gegangen zu sein. Entweder bist du einfach müde, von vielen verschiedenen Optionen erschlagen oder hast noch die jüngste Herausforderung zu verdauen. Diese Karte kommt zu dir, wenn du rastlos bist, den Glauben an etwas verlierst oder am liebsten resignierend ins Bett fallen willst. Aber dein Fixstern und deine Intuition sind noch da. Sie wurden im Eifer des letzten Gefechts nur übertönt, überwältigt und überfordert und haben sich zurückgezogen, damit du deine Energie auf andere Dinge richten kannst. Du warst aber niemals alleine und wirst es auch nicht sein. Tatsächlich bist du immer auf dem richtigen Weg, auch wenn du ihn gerade nicht sehen kannst. Es ist gut, wo du gerade bist. Geh deshalb unbedingt weiter, gib jetzt nicht auf und vertraue darauf, dass Zuversicht und Besserung auf dem Weg zu dir sind.



**Fragen**

Was macht mich gerade müde? Gibt es etwas, das ich am liebsten hinwerfen würde? Fühle ich mich in irgendeiner Weise verloren? Fällt es mir aktuell schwer, einen Sinn zu erkennen? Wie viel Spaß habe ich gerade in meinem Leben?

**Nächste Schritte**

1) Schaffe Distanz! Dich ein wenig fernzuhalten von dem, was dich in letzter Zeit sehr beansprucht und vermutlich überbeansprucht hat, ist eine gute Idee, um dir selbst und deinem inneren Kompass wieder näher zu kommen.
2) Vertraue auf diesen Zeitpunkt! Du bist genau dort, wo du gerade sein sollst. Und auch wenn du nicht weißt, wie es von hier aus weitergehen soll oder um was es überhaupt geht, mache dir bewusst, dass die Lösung schon auf dich wartet.
3) Nimm deine Emotionen ernst! Was sagen sie dir? Was sagt das aus über die letzte Zeit und den jetzigen Augenblick? Was kannst du von ihnen lernen?

# ✦ SIEBEN DER SCHWERTER ✦

ELEMENT LUFT

**SELBSTSCHUTZ, GEHEIMNIS, ZURÜCKHALTUNG**

## Bildsprache

In einer Linie sind sieben Schwerter aufgereiht, die abwechselnd in entgegengesetzte Richtungen zeigen. Die Rosen, die schön und groß blühen und so hübsch anzusehen sind, werden von ihnen ferngehalten. Aber warum würden wir das tun?

## Interpretation

So zielführend Ehrlichkeit in den meisten Situationen ist, manchmal kann es dich in Schwierigkeiten bringen, dich zu offen zu geben. Nicht jeder hat dein Vertrauen verdient, nicht alle deine Gefühle sind bei anderen Menschen gut aufgehoben. Das muss nicht unbedingt bedeuten, dass Personen in deinem Leben dir böse gesinnt sind, es heißt lediglich, dass Vorsicht geboten ist und du manche Teile von dir in bestimmten Situationen nicht offenlegen solltest. Diese Karte könnte auch ein Hinweis darauf sein, dass du zu viel mit anderen teilst, sie überforderst und dich selbst verlierst. Nicht alles, was wir erleben, müssen wir mit anderen besprechen und durch den Filter anderer Augen sehen. Manche Dinge sind nur für uns bestimmt.

## Fragen

Gibt es einen Menschen in meinem Leben, mit dem ich zu viel teile? Bin ich in den sozialen Medien zu offen? Wo könnte ich

Zurückhaltung üben? Kann ich achtsam gegenüber meinem eigenen Verhalten und dem anderer Menschen sein ohne misstrauisch zu werden?

### Nächste Schritte

1) Handle achtsam und bewusst! Es gibt sehr wahrscheinlich keinen Grund, den Teufel an die Wand zu malen und von den Menschen um dich herum Schlechtes zu erwarten. Es macht dennoch Sinn, dir zu überlegen, was du preisgibst, an wen und warum.
2) Überdenke andere und dich selbst! Fühlst du dich wertgeschätzt in deinen Unterhaltungen? Spürst du Sicherheit und Vertrauen? Wenn nicht, solltest du prüfen, ob es an dir, den anderen Menschen oder den Situationen liegt und ob es langfristig Sinn macht, den Umgang miteinander generell zu überdenken.
3) Meistere die Balance aus Zurückhaltung und Offenheit! Im einen Extrem wirst du verschlossen, eigenbrötlerisch und einsam, im anderen laut, überfordernd und unangenehm. Ein gesunder Mittelweg ist wie so oft im Leben die beste Wahl.

## ✦ ACHT DER SCHWERTER ✦

ELEMENT LUFT

**ENGE, SELBSTSABOTAGE, OPFERHALTUNG**

### Bildsprache

Unser Fixstern, der uns eigentlich die Richtung in unserem Leben weisen soll, ist umzingelt von Schwertern und irgendwie eingeengt. Oder wird er gar nicht *fest*-, sondern nur *ge*halten? Was, wenn die Schwerter an jeder Zacke des Sternes sogar dabei helfen, uns den Weg zu weisen?

### Interpretation

Fühlst du dich, als würde die Schlinge um deinen Hals immer enger werden und du dadurch bewegungsunfähig? Diese Karte kommt heute zu dir, um dich daran zu erinnern, dass du nicht das Opfer deiner Umstände bist. Du bist nicht deine Fehler. Du bist nicht das, was schiefläuft. Du bist nicht deine Vergangenheit. Du bist nicht das, was andere von dir denken oder sagen. Und am allerwenigsten bist du machtlos. Es wird Zeit, die Schwerter, die du bisher als Angriffe wahrgenommen hast, als Geschenke anzusehen und dich selbst nicht weiter einzuengen, kleinzumachen, ruhigzustellen oder hilflos zu sprechen. Wenn etwas aktuell schwierig ist, dir wehtut oder dich einfach überfordert, ist dies deine Einladung, die Zügel in die Hand zu nehmen, die positiven Aspekte deiner Lage zu erkennen und dich selbstbestimmt und eigenmächtig daraus zu befreien. Du bist in der Lage dazu und genau dafür gemacht. Es ist absolut okay und sogar gesund, sich mal kurz selbst zu bemitleiden, genervt zu sein und einfach nicht weitermachen zu wollen. Aber du kannst, und du wirst. Und alles, was danach kommt, wird besser als alles, was es vorher gab.



### Fragen

Sehe ich mich gerade hauptsächlich als Opfer? Vor was schützt mich das? Ist es vielleicht gemütlicher zu meckern, zu schimpfen oder zu weinen, als etwas zu unternehmen? Ist das Gefühl der Machtlosigkeit vielleicht nur in meinem Kopf? Was kann ich heute tun, um dem Glück näher zu kommen?

### Nächste Schritte

1) Gib dich nicht dem Schmerz hin! Das kann manchmal hilfreich sein, aber diesmal nicht. Der Schmerz hält dich gefangen und macht dich viel ohnmächtiger, als du eigentlich bist.
2) Vertrau auf deine Fähigkeiten! Du hast dich bereits aus so vielen Schlamasseln wieder herausgeholt, das schaffst du diesmal auch.
3) Erkenne deine Freiheit! Natürlich haben Entscheidungen Konsequenzen, die es heißt, gegeneinander abzuwägen, aber du bist stets frei im Bereich deiner gegebenen Möglichkeiten, Wege zu finden. Lass nicht andere für dich das Steuer übernehmen.

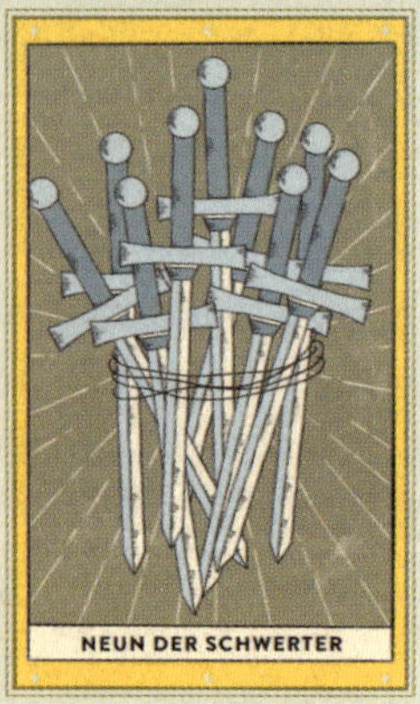

## ✦ NEUN DER SCHWERTER ✦

ELEMENT LUFT

ALPTRÄUME, ANGSTZUSTÄNDE, KAMPF

### Bildsprache

Die Schwerter, die unsere mentale Verfassung und unseren Verstand repräsentieren, sind nun fast vollzählig. Man könnte meinen, dadurch verfügen wir nun über besonders viel Logik und rationale Stärke. Zusammengebunden können wir sie jedoch nur schlecht gebrauchen. Die Gefahr, sich mit den eigenen Klingen zu verletzen, scheint hier recht groß.

### Interpretation

Große Denkfähigkeit hat nicht nur positive Seiten. Deine rationalen Geschütze kannst du auch gegen dich verwenden. Du solltest dir genau überlegen, welche Kämpfe du in deinem Kopf führen willst. Ständig Argumente zu finden, Dinge gegeneinander abzuwägen, diplomatisch Lösungen zu finden und sich zu konzentrieren kann auf Dauer sehr anstrengend sein. Alles zu zerdenken kann dir die letzten Kräfte rauben und dich taub gegenüber deiner Intuition machen. Nicht ohne Grund werden mit dieser Karte auch Angstzustände und Alpträume verbunden. Wenn dein Verstand die Oberhand über deine Gefühle hat, machen diese sich unterbewusst bemerkbar. Das äußert sich dann oft in Panik, zwanghafter Grübelei, Perfektionismus und unruhigen oder sogar verstörenden Nächten. Du bist nun dazu aufgerufen, deinen Verstand zu beruhigen und die Dinge in deinem Leben entspannter, intuitiver und ruhiger anzugehen.

**Fragen**

Worüber mache ich mir Sorgen? Worüber zerbreche ich mir ständig den Kopf? Was hält mich nachts wach? Auf welche Frage, welchen Menschen, welches Ergebnis oder welche Befürchtungen bin ich gerade versteift? In welchen Momenten kann ich am ehesten abschalten?

**Nächste Schritte**

1) Schließe den Tag bewusst ab! Eine lange Dusche, ein abendlicher Kräutertee oder ein paar Worte ins Tagebuch? Was könnte dir helfen, dich aktiv vom Tag zu verabschieden und Ruhe zu finden? Morgen ist noch genug Zeit, die Dinge anzugehen, die dich beschäftigen.
2) Wähle deine Kämpfe bewusst! Es gibt sicherlich vieles, das dich nervt und das du gerne ändern würdest. Mach dir aber klar, dass du nur begrenzte Energien hast, so wie jede*r andere auch und deshalb nicht alle Kämpfe kämpfen kannst und solltest.
3) Bleib flexibel! Dich auf eine Sache zu versteifen macht dich abhängig von deren Ausgang. Versuche, jeden Tag verschiedene Aspekte deines Lebens zu betrachten und ihnen bewusst Aufmerksamkeit zu schenken. Nur wenn Körper und Geist an einem Strang ziehen und gleichermaßen involviert sind, fühlst du dich langfristig vital und glücklich.

## ✦ ZEHN DER SCHWERTER ✦

ELEMENT LUFT

**SICH GESCHLAGEN GEBEN, SCHEITERN, LOSLASSEN**

### Bildsprache

Die neun Schwerter, die zuvor eingeengt aneinandergebunden waren, sind gefallen. Wir ergeben uns und legen unser letztes Schwert noch mit hinzu. Wir haben den Kampf verloren. Was eigentlich ein dramatisches, trauriges Schauspiel sein könnte, wird zum Ort des Friedens und der Ruhe. Es wachsen Blumen, die Wolkendecke öffnet sichm und wir können endlich wieder atmen.

### Interpretation

Selbst im größten Streit, im größten Drama, im größten Verlust können wir in dem Moment, in dem wir die Waffen fallen lassen und uns geschlagen geben, Erleichterung empfinden, weil all das Leid nun endlich ein Ende nehmen kann. Diese Karte möchte dir zeigen, dass es Zeit ist, deine Wunden zu lecken, zu heilen und Frieden zu schließen. Woran auch immer du dich in letzter Zeit abgekämpft hast, lass es gut sein. Das mag dir hart erscheinen und vielleicht bist du noch nicht so weit. Auch das ist okay. Du entscheidest, wann es für dich Zeit ist aufzugeben. Aber lass dir gesagt sein: Der Kampf kann nicht ewig gehen. Manchmal sind es auch gar keine großen Lebensentscheidungen, um die es hier geht. Viele Kämpfe führen wir fast unbemerkt im Alltag. Mühen uns ab an sich wiederholenden Problemen und den gleichen kleinen Störfaktoren, halten fest an den unmöglichsten Idealen. Scheitern ist wertvoll, vergiss das nicht.

**Fragen**

Woran halte ich fest? Was versuche ich durchzusetzen? An welchen Stellen bin ich sehr rigoros, stur und kaum imstande, von meinem Weg abzuweichen? Was ist es mir wert, Recht zu haben und zu »gewinnen«? Wie viel einfacher wäre mein Leben, wenn es mir plötzlich egal wäre? Wie stehe ich zum Scheitern und Aufgeben?

**Nächste Schritte**

1) Lass los! Vermutlich hast du dich mit Dingen vollgeladen, die dich nur noch beschweren. Finde einen Weg, sie (auch gerne in winzig kleinen Schritten) loszulassen, um einer leichteren, entspannteren und glücklicheren Lebensweise näher zu kommen.
2) Überdenke deinen Umgang mit dem Scheitern! Es gehört zum Leben dazu. Es ist lediglich Ausdruck deiner Menschlichkeit und beschenkt dich mit den großartigsten Lektionen dieses Lebens.
3) Verändere deinen Fokus! Wenn wir uns in einem Bereich geschlagen geben müssen, öffnen sich die Tore wunderbarer, neuer Erfahrungen, die auch wieder Erfolge mit sich bringen können. Jede Medaille - auch die schmerzhafteste - hat zwei Seiten.

## ✦ PAGE DER SCHWERTER ✦

ELEMENT LUFT

NEUGIER, KINDLICH-KLUGER VERSTAND, ENERGIE

### Bildsprache

Auf einem fast schon königlich anmutenden Kissen, das auf einer Wolke schwebt, wird uns ein Schwert gereicht, das die Kraft unserer Gedanken symbolisiert. Gerade erst hat sich der Vorhang geöffnet, und wir blicken auf frisch erblühendes Gedankengut. Die Kraft der Erde streckt sich dem Schwert entgegen und hilft, nicht die Bodenständigkeit zu verlieren.

### Interpretation

Die Energie dieser Karte gleicht einem Wunderkind: Hier verbindet sich kindliche Neugier mit großartigem Verstand. Kleine Ausnahmetalente leben noch nicht lange in unserer Welt, kennen sehr wahrscheinlich nicht viele unserer unzähligen Regeln und haben erst sehr begrenzte Erfahrungen gemacht. Das hält sie allerdings nicht davon ab, Ergebnisse zu präsentieren, die nicht von dieser Welt sind. Ganz im Gegenteil: Ihre Unschuld, Unvoreingenommenheit und Unerfahrenheit scheinen diese kleinen Wesen noch genialer zu machen. Wenn diese Karte zu dir kommt, bist du dazu eingeladen, deinen Verstand einmal von den typisch erwachsenen Vorstellungen zu lösen. Kein Schubladendenken mehr, kein Festhalten an Altbewährtem. Es kann nun sehr hilfreich sein, deinen Horizont zu öffnen und dich ganz intuitiv und neugierig auf Dinge einzulassen. Vielleicht hast du gerade den Eindruck, dass du nur mit einem bestimmten System ans Ziel kommst, dass du anderen nacheifern solltest oder dass nur ein

Weg zu Erfolg führt. Du hast aber sehr viel mehr Möglichkeiten, als du denkst, und darfst deine Vorhaben nun ruhig unbedarft, leichtfüßig und spielerisch angehen.

### Fragen

Wann habe ich meine Umgebung und mich selbst zuletzt wie ein neugieriges Kind beobachtet? Schaffe ich es, meine Werte loszulassen, um freier zu sein? Wäre es nicht lustig, die Ernsthaftigkeit herauszunehmen? Was würde mir mein siebenjähriges Ich jetzt raten? Habe ich mehr Potenzial, als ich vielleicht denke? Inwiefern kann ich meinen Verstand wie ein kleines Wunderkind einsetzen?

### Nächste Schritte

1) Sei wie ein Kind! Kinder sind ehrlich, offen, spaßig, leichtfertig und meist ganz sie selbst. Was kannst du dir von ihrem Verhalten abschauen, und wie verändert das den Blick auf deine Situation?
2) Weniger Denken, mehr Freude! Obwohl die Schwerter traditionell für unsere Denkfähigkeit stehen, haben wir in dieser viel frischen Wind und kindliche Neugier. Kannst du dich also ein wenig lockerer machen?
3) Kommuniziere, springe und verändere dich! Ideen können sich nun transformieren, dir fallen entspannte Interaktionen leichter, und du bist imstande, schnell zu handeln. Nutze das!

## ✦ RITTER DER SCHWERTER ✦

ELEMENT LUFT

**ZIELSTREBIGKEIT, REBELLION, SELBSTSICHERHEIT**

### Bildsprache

Dieser Ritter verteidigt sein Schild mit eiserner Stärke. Er verdeckt Teile des Wappens und lässt uns so wissen, dass er generell wenig von Regeln und Strukturen hält - selbst wenn es die des Universums sind. Die Blätter unserer Blumen färben sich langsam feuerrot, was seine offensichtliche Auflehnung gegen Gesetzmäßigkeiten noch unterstreicht.

### Interpretation

Hier sind Bestimmtheit, feurige Energie und schnelles Tempo vorherrschend. Wenn diese Karte ihren Weg zu dir findet, darfst du die Zügel in die Hand nehmen, von dir selbst überzeugt sein und durchsetzen, was dir wichtig ist. Es könnte nun eine Phase der Aufbruchstimmung einsetzen, in der du das Gefühl hast, die Dinge können gar nicht schnell genug erledigt werden. Und das ist auch so! Erledige die Dinge zackig, begib dich in wettbewerbsähnliche Situationen, messe deine Kräfte! Deine Power ist nun unglaublich und kann Berge versetzen. Unter Umständen kann diese Energie auch andere dazu bringen voranzukommen. Wenn sich Langeweile in deinem Leben breitgemacht haben sollte, ist dies dein Weckruf, etwas Schwung in den Alltag zu bringen. Beweg dich, sei so aktiv wie möglich, verlängere deine To-do-Liste um Punkte, die die Leidenschaft in dir wecken, und vertrete glühend deine Meinung - auch wenn sie bei anderen aneckt oder für Unruhe sorgt! Natürlich besteht in solchen Phasen immer die Gefahr, dass du als arrogant, harsch oder impulsiv wahrgenommen wirst, aber wenn es um diese Karte geht, ist die Meinung anderer wirklich erst einmal nebensächlich. Steh voller Selbstvertrauen zu dir und glaube daran, dass alle nur davon profitieren können, wenn du dich lebendig und wohl fühlst!

**Fragen**

Wo kann ich Abkürzungen nehmen, um mich weniger mit Unwesentlichem aufzuhalten? In welchem Bereich könnte ich mehr Energie gebrauchen? Was braucht es, damit ich wirklich von mir und meiner Haltung überzeugt sein kann? Was gibt mir Selbstvertrauen? Wie fühlt es sich an, wenn sich das Tempo in meinem Leben erhöht? Gegen was möchte ich nun offen rebellieren?

**Nächste Schritte**

1) Bring Dynamik in dein Leben! Wir sitzen meist zu oft, bewegen uns zu wenig, wiederholen immer wieder die gleichen Vorgänge. Nun ist es an dir, Schwung in alle deine Lebensbereiche zu bringen.
2) Nimm dich wichtig! Träume und Ideen gehen im Alltag oft unter. Funktionierst du einfach nur? Mach dich in der nächsten Zeit zur Top-Priorität und schau, was passiert!
3) Warte nicht auf Erlaubnis! Diese Karte bringt Rebellion, deswegen ist es besonders ratsam, Dinge mal auf den Kopf zu stellen, auch wenn andere die Augen verdrehen. Wer weiß, am Ende haben vielleicht sogar alle was davon.

## ✦ KÖNIGIN DER SCHWERTER ✦

ELEMENT LUFT

KLARHEIT, BEOBACHTUNGSGABE, WAHRHEIT

### Bildsprache

Die Sonne geht auf und über ihr erhebt sich das Schwert der Wahrheit, das uns und unsere Entscheidungen stützen soll. Es ist horizontal ausgerichtet und trägt unsere königliche Krone sowie alle Handlungen, die zwischen Himmel und Erde stattfinden. Es regnet Monde, die es uns trotz Objektivität ermöglichen, unserer Intuition zu folgen.

### Interpretation

Mit der hier dargestellten Sicht von oben bist du imstande, Zusammenhänge zu durchschauen und den Wahrheitsgehalt von Aussagen zu untersuchen. Es kann gut sein, dass du jetzt eine allgemeine, kollektive Wahrheit erkennst oder dem Kern deines eigenen Wesens näher kommst. Du bist klar, sicher und kannst dich und andere gut führen. Dein Blick ist geschärft, deine Beobachtungsgabe hervorragend. Deine starke Intuition ist nun wichtiger als wechselhafte Gefühle. Lehn dich zurück wie eine Königin auf ihrem Thron, observiere, interpretiere und agiere so, wie es dir richtig erscheint! Es ist ein großes Geschenk, eine Vogelperspektive einnehmen und Sachverhalte objektiv einordnen zu können. Vorschnelles Handeln ist vollkommen unnötig. Mit ruhiger Klarheit erreichst du jetzt viel mehr.

**Fragen**

In welchen Situationen fühle ich mich besonders klar? In welchen Bereichen kann ich eine gesunde Distanz aufbauen, um authentischere Entscheidungen zu treffen? Wie lassen sich meine Intuition und mein Verstand vereinen? Kann ich zwischen äußerem Impuls und innerer Reaktion eine Pause entstehen lassen, die mir dabei hilft, »geordnetere« Verhältnisse zu schaffen, bevor ich auf etwas anspringe?

**Nächste Schritte**

1) Vertrau deiner Intuition und helfe ihr mit Logik auf die Sprünge! Wenn du die Balance aus beidem schaffst, wird das Leben automatisch einfacher.
2) Verschaffe dir Klarheit, um dich klar zu fühlen! Vielleicht mithilfe von Listen? Rückzug? Bewegung? Einem Ortswechsel? Was immer dir jetzt dabei hilft, steht ganz hoch im Kurs.
3) Bleib bei dir! Egal, was die Stimmen um dich herum sagen, wie laut die Welt auch zu sein scheint und was alles an Verrücktheiten passiert: Konzentriere dich auf dich, finde heraus, um was es wirklich geht und lass dich nicht verrückt machen!

## ✦ KÖNIG DER SCHWERTER ✦

ELEMENT LUFT

ANALYSE, MORAL, KONTROLLE

**Bildsprache**

Die Hand, die uns ganz am Anfang der Schwert-Reihe als Ass der Schwerter erschienen ist, schließt nun den Zyklus der Logik, der Analyse und des Verstandes ab. Wir sind auf dem Höhepunkt unserer mentalen Stärke und setzen unseren Gedanken die Krone auf. Mit dem Schwert in der Hand, der Krone auf dem Kopf und den Sternen, der Sonne und dem Mond als Begleiter für unsere Vorhaben, haben wir die gesamte Kraft des Universums an unserer Seite.

**Interpretation**

In dieser Karte werden männliche Energien (existieren in allen Geschlechtern) wie Durchsetzungskraft, Disziplin und Autorität mit messerscharfem Denken verbunden. Du bist nun also dazu aufgerufen, eine Führungspersönlichkeit in genau diesem Stil zu werden. Das muss nicht bedeuten, dass du kalt, machthungrig oder egoistisch agierst, ganz im Gegenteil. Als König der Schwerter bist du ein faires, kommunikatives, weitsichtiges Oberhaupt, das sich sehr für die Belange aller Beteiligten interessiert. Du handelst im Sinne vieler und bist nun in der Lage, genau zu unterscheiden, was dem großen Ganzen und was vielleicht nur Einzelnen dient. Trotzdem ist es wichtig, dass du auch gut auf dich selbst achtest. Führung von anderen beginnt immer mit der eigenen Führung. Es kann sein, dass nun eine Phase anbricht, in der du große Verantwortung hast, Entscheidungen treffen musst oder für andere einen großen Halt darstellst. Deshalb solltest du ein Augenmerk darauf legen, wie du die Kontrolle behalten kannst: Schau dir (alltägliche) Abläufe genau an, verbessere sie gegebenenfalls und stärke deine Position durch Netzwerke. Auch Könige agieren selten allein, sondern haben Berater und pflegen Kontakte zu anderen Herrschern.



### Fragen

Wie möchte ich mich selbst und andere führen? Wie kann ich mein Netzwerk ausbauen und vertiefen? Welche Menschen dienen mir als Vorbild für mein tägliches Selbstmanagement? In welchem Bereich meines Lebens ist es jetzt besonders wichtig, fair, machtvoll, objektiv und führend zu sein?

### Nächste Schritte

1) Werde dir deiner Werte bewusst! Wenn du weißt, was dir im Leben wichtig ist, worauf du dich ausrichten möchtest und warum, ist es viel einfacher, entsprechend deinem moralischen Kompass zu handeln.
2) Verbinde dich mit inspirierenden Menschen! Sie sind der Treibstoff für deine Entwicklung. Diese Karte muss auch gar nicht dich selbst meinen, sondern kann auch auf eine Person in deinem Umfeld verweisen, die dir ein Wegweiser oder Mentor sein kann.
3) Setze Grenzen und steh dafür ein! Sie schützen dein Territorium und erhalten deine Macht. Lass sie deshalb nicht überrennen.

## ✦ ASS DER MÜNZEN ✦

ELEMENT ERDE

NEUBEGINN, ERDUNG,
FLORIERENDE ZUKUNFT

### Bildsprache

Die Wolkendecke öffnet sich, und uns wird eine Münze gereicht. Sie steht für alles, was wir mit unseren Händen greifen können, vor allem aber für materielle Güter, unsere Finanzen und Geld im Allgemeinen. Mit dieser ersten Münze haben wir nun also die Möglichkeit, eine vielversprechende Zukunft zu kreieren, in der alles erblühen kann, was wir uns wünschen. Aber sind wir auch bereit zuzugreifen?

### Interpretation

Die Zeit ist perfekt für einen Neuanfang! Wenn du Ideen hast oder sie an dich herangetragen werden, wenn du Gespräche führst, die dich inspirieren: Bleib dran! Es könnte der Start von etwas sehr Erfolgsversprechendem sein. Was jetzt gepflanzt wird, könnte zu einer wunderschönen großen Blume heranwachsen und dich lange erfreuen. Überlege dir also ganz genau, was in deinem Leben wachsen und gedeihen soll und wie du dieses frische Pflänzchen anschließend am besten umsorgen kannst. Sei auch offen für andere Menschen, die vielleicht nötiges Werkzeug, Wissen oder andere Formen der Unterstützung mitbringen, um aus deinem kargen Beet einen Garten der Fülle zu machen.

**Fragen**

In welchem Lebensbereich möchte ich mehr? Wo möchte ich Samen pflanzen, damit etwas Größeres daraus wird? In was möchte ich meine Energie, Zeit und Liebe in der nächsten Zeit investieren? Was bedeutet für mich Fülle? Wann fühle ich mich reich?

**Nächste Schritte**

1) Halte die Augen offen! Überall sind Möglichkeiten, Chancen, Menschen und Erlebnisse, die dich weiterbringen. Sei jetzt also besonders aufmerksam und entdecke, was das Leben für dich bereithält.
2) Greife zu! Manchmal hält uns nur mangelndes Selbstvertrauen davon ab, auch zuzupacken, wenn sich uns Türen öffnen. Du bist es wert, all diese Wege zu gehen, bist bereit und gut genug. Nimm dir, was du verdienst!
3) Chancen wahrnehmen? Ja! Passiv zurücklehnen und allein das Leben die Arbeit machen lassen? Nein! Es ist nun an dir, das, was dir geschenkt wird, auch zu nutzen. Krempele also die Ärmel hoch und los geht's!

## ✦ ZWEI DER MÜNZEN ✦

ELEMENT ERDE

BALANCE, VERÄNDERUNG, ANPASSUNGSFÄHIGKEIT

### Bildsprache

Aus einer Münze wurden zwei - unser Garten wächst anscheinend prächtig. Wir haben nun beide Hände voll zu tun. Die Bewegung der Hände sieht abwägend aus, offensichtlich können oder wollen wir beide Münzen nicht auf die gleiche Ebene bringen. Eine ist unten, die andere oben. Gelingt uns dieser Akt der Balance?

### Interpretation

Wenn viel zu tun und zu verwalten ist, ist es manchmal gar nicht so einfach, den Überblick zu behalten. Jeden Tag scheint etwas anderes wichtig, und immer wieder hast du das Gefühl, es ist ganz egal, wie du deine Prioritäten setzt, weil sowieso alles drunter und drüber geht. In deinem Leben geht es nun darum, die Dinge in ein Gleichgewicht zu bringen. Es ist nicht die Zeit, noch mehr zu tun, noch mehr zu versprechen, noch mehr zu wollen. Du darfst dich um das kümmern, was schon da ist und dafür sorgen, dass es gedeiht. Nun kann ein guter Zeitpunkt sein, zu verbessern, zu perfektionieren oder zu vertiefen. Auch wenn die Versuchung groß ist und es viele glänzende neue Möglichkeiten gibt: Bleib erst einmal dort, wo du bist, sorge für einen reibungslosen Fluss und gewinne ein tieferes Verständnis für die Dinge.

**Fragen**

Wie ist mein Zeit- und Energiemanagement? Was kann ich tun, um alle Bereiche meines Lebens ausgewogener miteinander zu vereinbaren? Von was brauch ich mehr, von was weniger, um im Flow sein zu können? Wie kann ich mich den aktuellen Umständen am besten anpassen, um es so einfach wie möglich zu haben?



**Nächste Schritte**

1) Übe Flexibilität! Balance ist nichts, das wir einmal erreichen und dann einfach halten können. Balance erfordert, jeden Tag genau hinzusehen, hinzuspüren und hinzuhören und dann Entscheidungen zu treffen, die dich am weitesten bringen.
2) Begrenze den Input! Wenn du bereits alle Hände voll zu tun hast, macht es keinen Sinn, dir noch mehr aufzuladen. Du erreichst eine gewisse Tiefe und Sorgfalt nur, wenn du dich den bestehenden Dingen auch einmal aufmerksam zuwendest. Multitasking wird überbewertet.
3) Finde den Sweet-Spot zwischen Loslassen und Festhalten! Beide Pole haben ihre Berechtigung und sind in bestimmten Phasen unterschiedlich wichtig. Wenn du die richtige Balance zwischen ihnen findest, hast du gewonnen.

## ✦ DREI DER MÜNZEN ✦

ELEMENT ERDE

TEAMWORK, VIELFALT, VERBINDUNG

**Bildsprache**

Wie schön, wenn alle zusammenkommen, um gemeinsam an etwas zu arbeiten. Jedes der drei Vögelchen bringt eine eigene Münze mit und trägt mit seinen individuellen Fähigkeiten dazu bei, dass dem Baum schönere Äpfel wachsen. Am Ende können sich alle über eine dicke Ernte freuen.

**Interpretation**

Auch wenn es für dich in der Schule nichts Nervigeres gab als Gruppenarbeit, bist du nun dazu aufgerufen, dich mit anderen zusammenzutun und Herausforderungen gemeinsam anzugehen. Ob in deiner Beziehung, deinen Freundschaften oder deinem beruflichen Umfeld: Es geht nun darum, zusammenzuhalten und gemeinsam stärker zu werden. Es kann gut sein, dass die Aufgabe, die vor dir liegt, so wichtig, bedeutsam oder groß ist, dass du unbedingt Unterstützung brauchst. Vielleicht erscheint die Karte aber auch, um dich daran zu erinnern, wie schön ein gemeinsames Ziel sein kann. Vielleicht fühlst du dich schon seit einiger Zeit allein und wünschst dir jemanden, der mit dir am gleichen Strang zieht. Eventuell fehlen dir gerade Energie, zündende Ideen oder Motivation weiterzumachen. Auch dabei können Partner*in, Freund*in oder Kolleg*in helfen. Jeder Mensch bringt wunderbare und ganz einzigartige Fähigkeiten mit, weshalb es für alle von großem Vorteil sein kann, sich zusammenzutun.

**Fragen**
In welchem Lebensbereich wünsche ich mir, dass jemand mit mir auf ein gemeinsames Ziel hinarbeitet? Was kann ich tun, um mein Bedürfnis nach Teamwork zu stillen? Was kann ich tun, um mir gemeinsame Projekte schmackhafter zu machen, falls ich mich bisher zurückgehalten habe, in Teams zu arbeiten? Mit wem möchte ich mich gerne verbinden? Welche Expertisen, Fähigkeiten und Eigenschaften von jemand anderem würden mir gerade am meisten helfen?

**Nächste Schritte**
1) Erarbeite(t) ein gemeinsames Ziel! Ob beruflich oder privat: Es ist wichtig zu erfahren, was sich jede*r von einer Verbindung wünscht. Nur wenn sich alle vorher einig sind, dass das gut werden kann, lohnt es sich wirklich, auch gemeinsam zu starten.
2) Schaff(t) Klarheit! Wer ist für was zuständig? Wer kann was besonders gut? Wo liegen Stärken und Schwächen, die das Team kennen sollte? Führe Gespräche mit den Menschen, mit denen du Zeit verbringst und kläre, was dir wichtig erscheint! Das kann zukünftige Unstimmigkeiten vermeiden.
3) Erkenne deine eigene Vielfalt! Manchmal dreht es sich bei dieser Karte gar nicht um andere Menschen, sondern um die Integration deiner eigenen, vielfältigen Facetten. Gibt es Aspekte deiner Persönlichkeit, die du bisher (noch) nicht lebst? Wie viel angenehmer könnte dein Leben sein, wenn du dir das Ausleben all deiner Anteile erlaubst?

## ✦ VIER DER MÜNZEN ✦

ELEMENT ERDE

**FESTHALTEN, ANSPANNUNG, MANGELDENKEN**

### Bildsprache:

Auf unserer Hand schaukeln die vier Münzen. Übereinandergestapelt brauchen sie unsere gesamte Aufmerksamkeit, weil die sehr wackelige Angelegenheit ansonsten zu fallen droht. Vom strahlend blauen Himmel und dem üppigen Sonnenblumenfeld bekommen wir so vermutlich nicht mehr viel mit.

### Interpretation

Du hast dir in deinem Leben ganz schön was aufgebaut, bist gewachsen und könntest wirklich stolz sein auf alles, was du bisher geschafft hast. Leider hast du solche Angst, es zu verlieren, dass die Freude keinen Raum hat. Diese Karte erinnert dich daran, dass es an der Zeit ist, das Erreichte auch zu genießen! Du darfst darauf vertrauen, dass nichts zusammenbricht, wenn du mal eine kurze Zeit wegschaust. Du hast wahrscheinlich unermüdlich gekämpft und dich eingesetzt. Erlaube dir eine Pause! Das Leben ist süß und möchte gelebt werden, dafür hast du doch so hart gearbeitet, oder? Versuche, dich etwas zu entspannen und nicht zu verbissen zu halten, was sowieso zu dir gehört. Es kann nun wichtig sein, dich etwas weniger mit deinem Haben zu identifizieren und etwas mehr mit deinem Sein. Wenn du Gegenstände anhäufst, Kontakte wie Briefmarken sammelst und Erfahrungen nur machst, um mit ihnen angeben zu können, bleibt vom schönen Leben, das du dir sicherlich so sehr wünschst, am Ende nicht mehr viel übrig.

### Fragen

Woran halte ich zu sehr fest? Was fürchte ich zu verlieren? Wie würde mein Leben ohne Angst aussehen? Bin ich imstande zu genießen, was ich habe? Was glaube ich, passiert mit den Dingen, die mir wichtig sind, wenn ich sie loslasse?

### Nächste Schritte

1) Vermeide obsessives Verhalten! Es ist vollkommen gesund und okay, dass dir Dinge und Menschen in deinem Leben wichtig sind und du dir Gedanken um sie machst. Wenn es erdrückend wird, ist es allerdings für alle Beteiligten unangenehm.
2) Vertrauen ist gut, Kontrolle ist besser? Um den Dingen ihren natürlichen Lauf zu lassen, ist es wichtig, dass du nicht kontrollierst, was außerhalb deiner Macht steht. Es kann so schön sein loszulassen.
3) Genieße das Leben! Es wird nicht gleich alles zusammenbrechen, nur weil du einen Urlaub machst, dich zurücklehnst oder mehr Zeit für dich einplanst. Finde einen Weg, Pflichten und Annehmlichkeiten miteinander zu verbinden!

## ✦ FÜNF DER MÜNZEN ✦

ELEMENT ERDE

ALLEINSEIN, VERLUST, HILFE

### Bildsprache

Wie Regentropfen fallen unsere hart erarbeiteten Münzen in einen riesigen Ozean. Werden wir sie dort wiederfinden? Oder sind sie nun für immer verloren? Und wie gehen wir damit um?

### Interpretation

Was wir uns erarbeitet haben, kann verloren gehen. Vielleicht durch einen Fehler unsererseits, vielleicht, weil andere uns mies behandelt haben oder einfach aus Pech. Manchmal fühlt sich das, was du doch so sehr wolltest, auch plötzlich falsch an. Vielleicht fühlst du dich deswegen traurig, verlassen oder mutlos. Vielleicht hast du sehr viel Zeit und Energie auf materielle Ziele verwendet und spürst nun eine gewisse Leere. Du bist nicht allein mit deinen Gefühlen. Diese Karte kommt zu dir, um dich daran zu erinnern, dass harte Zeiten im Leben dazugehören, aber niemals endlos sind. Sie überbringt dir außerdem die Botschaft, dass Hilfe naht. Ob von bestimmten Menschen, denen du dich wieder nähern kannst, oder alten schönen Routinen und Aktivitäten, die du wieder aufnehmen kannst. Wo immer du Hilfe findest, du darfst sie dir nehmen!

### Fragen

Worauf lag in der letzten Zeit mein Fokus? War die Aufteilung meiner Energie und Zeit zu einseitig? Gibt es ein Problem, das mir zu schaffen macht? Wer oder was könnte mir dabei helfen, besser damit umzugehen?

**Nächste Schritte**

1) Verteile deine Zeit ausgewogener! Es ist niemals gut, wenn wir zu fokussiert an einer Sache hängen und womöglich an nichts anderes mehr denken können. Versuche deshalb, verschiedenen Bereiche deines Lebens Aufmerksamkeit zu schenken!
2) Such dir Hilfe! Vielleicht konntest du die fünf Münzen nicht halten, weil sie einfach nicht mehr in deine Hände gepasst haben. Hilfe anzunehmen ist nun wichtig, um weitere Münzen sammeln zu können und dich (wieder) gut zu fühlen.
3) Überdenke deine Vorstellungen vom Leben! In welchen Bereichen passen deine Vorstellungen nicht zur Realität? Es gibt Wege, gesund, glücklich *und* erfolgreich zu sein. Das sieht dann eventuell aber anders aus, als du es dir vorher vorgestellt hast.

## ✦ SECHS DER MÜNZEN ✦

ELEMENT ERDE

**GESCHENK, GROSSZÜGIGKEIT, GEBEN & NEHMEN**

### Bildsprache

Die beiden süßen Welpen, die wir bereits von der Karte »Der Mond« kennen, haben sich erneut in gleicher Position zusammengefunden. Diesmal bestaunen sie nicht den nächtlichen Himmelskörper, sondern sechs Münzen, die ihnen als Geschenke dargereicht werden. Unser Fixstern in deren Mitte deutet an, dass wir auf genau dem richtigen Weg sind, wenn wir uns großzügig geben – uns selbst und anderen gegenüber.

### Interpretation

Alles steht im Zeichen des Gebens und Nehmens: Dir werden Geschenke gemacht und auch du bist imstande, andere zu beschenken. Dir wird Hilfe zuteil, und du hilfst anderen. Nun ist die Zeit, die Schönheiten des Lebens anzunehmen und sie an andere weiterzugeben. Vielleicht ist eine wunderbare Überraschung auf dem Weg zu dir? Oder du genießt wertvolle Stunden mit deinen Liebsten? Vielleicht spürst du auch eine besonders tiefe Verbindung zu deinen Freund*innen? Nimm alles an, koste es aus, bade darin. Wenn deine Batterien aufgefüllt sind, du leuchtest und glücklich bist, schenk anderen wertvolle Zeit, mitreißende Energie oder materielle Dinge! Das Leben ist so schön, wenn wir uns gegenseitig beschenken ohne Angst, zu viel zu geben oder zu viel zu nehmen. Dies ist eine Zeit der Gemeinschaft, der Verbindung, der Liebe und des Genusses. Leb deshalb nun ganz besonders aufmerksam, und sauge alles ganz tief ein!

**Fragen**

Was möchte ich anderen gerne geben? Was sind meine ganz persönlichen Geschenke, die ich in die Welt tragen möchte? Was wünsche ich mir von anderen? Wie kann ich den heutigen Tag zelebrieren und ihn so richtig genießen? Kann ich schöne Dinge annehmen?



**Nächste Schritte**

1) Achte auf Ausgewogenheit! Wenn Geben und Nehmen in Balance sind, bist auch du selbst ausgeglichener. Du darfst lernen, beides zu wollen, ohne dich dabei schlecht zu fühlen.
2) Hinterfrage deine Intentionen! Nur zu geben, um auch zu bekommen, macht nicht glücklich. Gebe deshalb ohne Erwartungen und freu dich, wenn etwas zu dir zurückkommt.
3) Gemeinschaft vor Alleinsein. Verbinde dich mit Menschen, geh unter Leute und genieße die gemeinsame Zeit! Nur dann kannst du zwischenmenschliche Geschenke geben und empfangen.

## ✦ SIEBEN DER MÜNZEN ✦

ELEMENT ERDE

UNZUFRIEDENHEIT, UNGEDULD, ABSTAND

### Bildsprache

Ist das nicht der Teufel? Wir kennen ihn bereits von der Reise durch die Große Arkana und werden nun wieder von ihm besucht. Seine Kunst ist die Verführung, und so lockt uns der Fürst der Unterwelt diesmal mit sieben Münzen, die seinen Kopf und seine Hörner schmücken. Die Frage ist, welchen Versuchungen wir getrost nachgeben können und von welchen wir uns lieber fernhalten sollten.

### Interpretation

Sieben von zehn Münzen sind schon ziemlich gut! Unter Umständen fällt es dir im Moment aber schwer zu erkennen, wie reich dein Leben schon ist. Du läufst Gefahr, ungeduldig, nachlässig und vielleicht sogar gierig zu werden und den Gefallen an Dingen zu verlieren, die dir gerade noch viel wert waren. Vielleicht geht dir der berufliche Alltag nur noch auf den Keks, zwischenmenschliche Beziehungen machen dich müde, oder dir gefallen deine Kleidung, deine Einrichtung oder dein Lebensstil nicht mehr. Was immer es ist, das dich stört, treffe nun keine vorschnellen Entscheidungen, die du später vielleicht bereust. Nicht alles ist Gold, was glänzt, auch wenn es in schwachen Momenten noch so vielversprechend aussieht. Diese Karte möchte dich daran erinnern, dass es Zeit ist, Abstand zu gewinnen, um den Wert der Dinge, die dich gerade langweilen, entmutigen oder unzufrieden machen, wieder zu erkennen. Mit etwas Distanz hast du einen viel klareren Kopf und kannst Entscheidungen treffen, hinter denen du auch langfristig stehst.

### Fragen

Was nervt mich gerade? Was würde ich am liebsten tun? Sollte ich es vielleicht lieber lassen? Was passiert, wenn ich den Dingen mit etwas mehr Distanz begegne? Welche Versuchungen könnten mich von meinem eigentlichen Weg abbringen? Wie kann ich auf gesunde Weise Abwechslung, Sinn oder Spaß in mein Leben bringen?

### Nächste Schritte

1) Schau, wie reich du schon bist und wie weit gekommen! Wenn du deinen bisherigen Weg wertschätzt, wirst du feststellen, dass deine jetzige Situation nur ein kleiner Stolperstein, nicht aber das Ende ist.
2) Erkenne Lernfelder! Unzufriedenheit ist ein gutes Zeichen für nötige Veränderungen. Was kannst du von deiner Unzufriedenheit lernen? Was möchte sie dir sagen? Was genau soll besser werden?
3) Wirf nicht alles hin! Tu dir was Gutes, nimm Abstand und betrachte das Ganze noch einmal aus einer frischeren Perspektive. Etwas aufzugeben, wenn die Gefühle gerade hochkochen, ist selten eine gute Idee.

## ✦ ACHT DER MÜNZEN ✦

ELEMENT ERDE

**WEITERENTWICKLUNG, MEISTERSCHAFT, KÖNNEN**

### Bildsprache

Unsere Münzen stapeln sich und werden von drei großen Sternen so vervollständigt, dass sie ein Gefäß bilden, in das noch mehr Münzen gepackt werden können. Gestützt werden sie von Eichenblättern, die für Stärke, Mut und Treue stehen. Uns kann nun nichts mehr im Weg stehen.

### Interpretation

Du hast schon viel erreicht, aber da scheint noch mehr möglich zu sein. Wenn du dich jetzt einmal richtig reinkniest, die Ärmel hochkrempelst und bereit bist, hart zu arbeiten, wirst du am Ende reich belohnt. Wenn diese Karte zu dir kommt, geht es darum, einen Weg zu finden, dich ganz auf die vor dir liegende Aufgabe konzentrieren zu können, dich ihr hinzugeben und darauf zu vertrauen, dass sich deine Bemühungen, deine Zeit und deine Energie am Ende auszahlen werden - auf welche Weise auch immer. Mit Geduld und Einsatz kannst du nun Berge versetzen, deine Fähigkeiten massiv ausbauen und dich extrem weiterentwickeln. Solltest du dich mit Selbstzweifeln plagen oder unsicher sein, dann lass dir mit dieser Karte versichern, dass du absolut bereit und gut genug bist. Niemand erwartet Perfektion von dir (außer vielleicht du selbst) und alles, was du jetzt noch nicht beherrschst, kannst du auf dem Weg zum Ziel lernen. In dieser Phase deines Lebens geht es mehr darum, ins Tun zu kommen, dich weiterzuentwickeln und dein Können auszubauen, als Dinge genau nach einem vorgegebenen Schema zu erledigen. Mach Fehler, werde besser, probiere dich aus und lerne dazu! Damit wirst du am Ende immer erfolgreich sein.

**Fragen**

Worauf möchte ich mich nun konzentrieren? Fällt es mir leicht, mich einer Sache voll und ganz hinzugeben? Was kann ich tun, um es mir leichter zu machen, mich ganz einzulassen? Ist die Angst vor dem Scheitern ein Thema in meinem Leben? Gibt es Dinge, die ich wegen dieser Angst nicht anfange oder zu Ende bringe? In welchen Bereichen möchte ich meine Fähigkeiten vertiefen?

**Nächste Schritte**

1) Fang an! Oder mach weiter! Auch kleine, zögerliche Schritte führen dich am Ende zum Ziel. Du wirst besser, indem du es machst.
2) Mache Dinge mit Freude! Lerne, dich vom Ergebnis zu lösen und die vor dir stehenden Aufgaben mit Liebe, Konzentration und Hingabe zu erfüllen.
3) Mach es dir leicht! Manche Aufgaben werden durch uns selbst schwerer, als sie tatsächlich sind. Belohne dich, verschönere deine Umgebung, mach es dir gemütlich! Wenn du dich wohl fühlst, wird dir alles sehr viel leichterfallen.

# ✦ NEUN DER MÜNZEN ✦

ELEMENT ERDE

**BELOHNUNG, GENUSS, ERFOLG**

**Bildsprache:**
Der Rabe der Weisheit, den wir bereits von der »Tod«-Karte kennen, beschenkt uns mit allen möglichen Freuden. Es könnte gut sein, dass etwas in unserem Leben zu Ende geht, doch diesmal wartet eine dicke Belohnung auf uns. Können wir sie auch annehmen?

**Interpretation**
Schöne Aussichten laden dich ein, sie zu genießen. Wenn du es zulässt, kann das Leben nun sehr angenehm für dich sein. Vielleicht kommen Dinge zu einem Abschluss, für die du hart gearbeitet hast. Vielleicht hast du wunderschöne Tage geplant, oder in der Liebe fügt sich endlich alles so, wie du es dir schon lange gewünscht hast. Kleine, aber auch ganz große Erfolge können dich nun erwarten. Nicht umsonst wird diese Karte oft mit der Ernte verbunden, die man nun endlich einfahren darf. Genieße sie und sei stolz auf dich! Im Anschluss kannst du dich fragen, wie deine Ernte nächstes Jahr aussehen soll. Willst du, was dir dieses Jahr geschmeckt hat, auch nächstes Jahr ernten? Oder hast du Lust auf etwas anderes? Frage dich, ob du auf dieselbe Weise und in denselben Bereichen weiterhin erfolgreich sein willst oder etwas Neues wagen möchtest.

**Fragen**

Welche Ernte kann ich gerade einfahren? Bin ich in der Lage, die Früchte meiner Arbeit zu genießen? Feiere ich mich und meine Erfolge gebührend? Auf was bin ich jetzt stolz?

**Nächste Schritte**

1) Lehn dich erst einmal zurück! Dein Leben darf nun etwas langsamer, genussvoller und entspannter werden. Nach Zeiten harter Arbeit sind Erholungspausen wichtig, um neue Projekte voller Kraft angehen zu können.
2) Bringe Dinge zum Abschluss! Erfolge leiten auch oft ein Ende ein, oder zumindest das Erreichen eines Zwischenziels. Schau deshalb auf Erreichtes zurück, feiere dich, ändere gegebenenfalls etwas und mache danach weiter.
3) Erkenne auch kleine Durchbrüche an! Vielleicht fällt dir gar nichts ein, das du feiern könntest? Werde dir deiner alltäglichen Erfolgen bewusst und erkenne, wie gut du Bestimmtes schon meisterst!

## ✦ ZEHN DER MÜNZEN ✦

ELEMENT ERDE

FÜLLE, VOLLENDUNG, FAMILIE UND FREUNDE

**Bildsprache**

Es ist so weit: Wir können die letzte Münze auf unseren Haufen legen. Oder wird sie uns geschenkt? In jedem Fall haben wir alle Münzen gesammelt, die man nur sammeln kann, und fühlen uns damit wahrscheinlich sehr angekommen, vollständig und wohl. Die Girlanden hängen schon, lassen wir also diese Party starten.

**Interpretation**

Dein Leben ist voller Reichtum: Vielleicht ist es beruflicher Erfolg, vielleicht zwischenmenschliche Beziehungen. Vielleicht steht auch ein finanzieller Segen ins Haus, oder alles gemeinsam. Es ist immer schön, einen Grund zum Feiern zu haben, und mit dieser Karte hältst du die direkte Einladung dazu in der Hand. Vor allem die zwischenmenschlichen Reichtümer solltest du nun in vollen Zügen genießen: Verbringe wertvolle Zeit mit deinen Liebsten. Es kann gut sein, dass Familienbande nun wichtiger für dich werden. Eine Zeit, in der es tatsächlich Geburtstage, Hochzeiten oder berufliche Erfolge zu feiern gibt. Eine Zeit des Zusammenkommens und Zusammenseins. Eine Zeit, in der dir bewusst wird, wie gesegnet du mit den Menschen um dich herum bist und wie wichtig sie dir sind.
In dieser Phase spürst du vielleicht, dass alles möglich ist und dass dieses vollkommene Gefühl der Fülle und des Ankommens zum Greifen nah ist. Lass dich nicht (mehr) von Mangelgedanken, Verlustängsten oder Selbstzweifeln von deinem Glück abhal-

ten. Ehrlich, schätze diesen Moment und die kommende Zeit und halte die Augen offen nach den Geschenken, die dir das Leben zu machen hat!



### Fragen

Wenn Fülle das Ziel ist, wer oder was fehlt mir dazu? Fühle ich mich vollkommen? Welche Geschenke macht mir das Leben aktuell? Was ist in meinem Leben mittlerweile normal, das ich mir früher immer von ganzem Herzen gewünscht habe? Bin ich bereit, Glück, Liebe und Geld zu empfangen?

### Nächste Schritte

1) Stell dir vor, du bist alt und blickst auf dein jetziges Leben zurück! Bist du glücklich, mit dem, was du siehst? Um was geht es am Ende wirklich? Und hast du all die wesentlichen Dinge vielleicht sogar schon erreicht?
2) Verbringe Zeit mit deinen Liebsten! Am Ende des Tages ist es immer schön, zu liebenden Menschen zurückzukehren, die Erfolge und Misserfolge mit uns teilen.
3) Fokussiere dich auf deine Werte und lebe nach ihnen! Manchmal ist es schwer, Erfolge als solche zu erkennen, weil wir nach Statussymbolen oder Anerkennung von außen streben. Wenn du weißt, dass Liebe für dich einen höheren Wert hat als Luxus, dann beurteilst du Erfolg nach anderen Maßstäben.

## ✦ PAGE DER MÜNZEN ✦

ELEMENT ERDE

TALENT, UNERFAHRENHEIT, ZUVERLÄSSIGKEIT

### Bildsprache

Der Vorhang öffnet sich, und auf einem leuchtend roten Kissen erscheint uns eine Münze, die auf einer wattigen Wolke schwebt. Unsere Möglichkeiten erschließen sich uns gerade erst und strecken sich uns mit ihren großen Blütenköpfen entgegen. Alles ist neu, und wir sind dementsprechend unerfahren, aber die Aussicht ist atemberaubend schön, und unsere Zukunft sieht vielversprechend aus.

### Interpretation

Dein Talent ist unbestritten, du hast viele Fähigkeiten, und es lohnt sich, auch als Anfänger*in (noch einmal) zu starten. Manchmal fürchten wir uns davor, in gewissen Bereichen ganz von vorne zu beginnen, wenn wir uns anderswo bereits zu Profis hochgearbeitet haben. Das sollte dich aber nicht davon abbringen, etwas zu wagen, was du vorher noch nie gemacht hast. Der Anfängerstatus, in dem du unbedarft und mit frischer Perspektive an die Sache herangehst, kann dir viel Freiheit geben. Auch in Bereichen, in denen du der Profi bist und mit jüngeren oder unerfahreneren Menschen zu tun hast, kann die Nachricht dieser Karte wichtig für dich sein: Trau dich, andere Ansätze neugierig zu begutachten und sie vielleicht zu übernehmen. Der Satz: »Das haben wir aber immer so gemacht« ist der letzte Maßstab, nach dem du dich nun richten solltest.

**Fragen**

Bin ich auch als »alter Hase« bereit, gewisse Umstände einmal durch eine andere Brille zu betrachten oder ist mir Gewohnheit das Wichtigste? Welche neuen Erfahrungen möchte ich machen? Welche bisher unbekannten Projekte warten vielleicht auf mich?

**Nächste Schritte**

1) Hinterfrage deinen Status! Was darf bleiben? Was soll sich verändern? Und welche Rolle spielst du dabei? Misch die Karten noch einmal neu, egal, wie alt, erfahren oder eingesessen du schon bist.
2) Gib dich hin! Wenn du gefunden hast, was du als Nächstes tun möchtest, dann wirf dich voll rein, arbeite konzentriert und sei dir gewiss, dass sich diese Arbeit lohnen wird, auch wenn du ganz klein starten musst!
3) Finde deinen eigenen Weg! Dinge anders zu machen bedeutet nicht nur, dich neu zu orientieren, sondern dich wirklich an *dir* zu orientieren. Frag dich deshalb regelmäßig, wie du am liebsten arbeiten und leben willst!

## ✦ RITTER DER MÜNZEN ✦

ELEMENT ERDE

**PRODUKTIVITÄT, AMBITION, KONZENTRATION**

### Bildsprache

Das Schild des Ritters ist unbedeckt. Die Verbundenheit von Sonne und Mond, von äußerlicher Strahlkraft und innerer Intuition, steht im Zentrum dieser Szene. Gekrönt wird diese perfekte Darstellung der zwei gegensätzlichen Kräfte durch die Münze, die über allem steht. Sie und auch die Blumen, die wir links und rechts von ihr sehen, zeigen uns, dass wir mit einer gewissen Einstellung nun alles erreichen können.

### Interpretation

Du solltest dich von der Arbeitsweise des Ritters der Münzen inspirieren lassen. Er ist ein erwachsener, ernsthafter, strebsamer und hocheffizienter Zeitgenosse, der sich ganz seinen Aufgaben verschrieben hat. Verantwortungsbewusstsein, Zuverlässigkeit und Fokus könnten dir helfen, deinen Zielen näher zu kommen. Vieles von dem, was du dir wünschst, ist tatsächlich erreichbar, wenn du dich nicht nur auf den Weg machst, sondern diesem Weg auch treu bleibst. Das heißt natürlich nicht, dass es keine Umwege, unerwartete Weggabelungen oder auch einmal Rückschritte geben darf. Es kann allerdings sehr von Vorteil sein, dir jetzt Klarheit darüber zu verschaffen, welche Schritte du als nächste gehen willst und dich anschließend auf diese zu konzentrieren. Keine anderen Meinungen mehr, keine Zweifel, keine Ablenkungen! Vielleicht wirst du aktuell auch getestet. Wie wichtig sind dir die Dinge wirklich, für die du dich in der Vergangenheit entschieden hast? Wie treu bist du deinen Plänen? Wie viele Qualitäten des Ritters vereinst du in dir und an welchen darfst du noch arbeiten? Es gibt Zeiten des Fließenlassens, der Entspannung und des Genusses, und dann gibt es Phasen, in denen wir uns ganz hingebungsvoll unseren Ambitionen widmen, alles geben und hart arbeiten. Letzteres könnte nun von dir verlangt sein.

### Fragen

Wie stehe ich zu harter Arbeit? Macht sie mir Angst oder füllt sie den Großteil meines Alltags? Ist eine Balance aus Phasen der An- und Entspannung in meinem Leben gegeben? Gebe ich mich meinen Aufgaben sehr hin, oder bin ich schnell abgelenkt und unkonzentriert? Was kann ich heute tun, um mich ganz auf Anstehendes einzulassen?

### Nächste Schritte

1) Lass dich nicht von deinem Weg abbringen! Es ist vollkommen normal, sich mal unmotiviert, ängstlich oder genervt zu fühlen. Das gehört dazu, lässt dich wachsen und sollte kein Grund sein aufzugeben.
2) Erinnere dich, warum du angefangen hast! Wenn du dein Ziel aus den Augen verloren oder eine Sinnkrise hast, kann es helfen, dich auf deine ursprüngliche Motivation zu besinnen. Um was ging es dir? Ist das nicht immer noch wichtig?
3) Baue Konzentrationsphasen in deinen Alltag ein! Handy weg, Tür zu, Klingel ausgeschaltet. Unser Leben ist auf Ablenkungen jeder Art ausgerichtet, weshalb es dir sicherlich sehr hilft, sie für bestimmte Zeiten ganz bewusst aus dem Weg zu schaffen.

## ✦ KÖNIGIN DER MÜNZEN ✦

ELEMENT ERDE

FÜRSORGE, FÜLLE, VIELSEITIGKEIT

### Bildsprache

Unserer Münze wird die Krone aufgesetzt, und so erscheint alles in strahlend hellem, sonnigem Glanz. Eine Zeit des Reichtums könnte anbrechen, denn die Blumen werden vom Mond-Regen, unserer Intuition, gewässert und blühen in all ihrer Schönheit. Königlichkeit und Intuition verbinden sich und bringen Wachstum und Reichtum hervor, erfüllende Zeiten.

### Interpretation

Träumst du manchmal davon, alles unter einen Hut zu bekommen? Gleichzeitig finanziell frei zu sein, beruflich erfolgreich, deine Liebsten zu umsorgen, dich gut um dich selbst zu kümmern und Pflichten und Vergnügungen perfekt zu balancieren? Wenn diese Karte zu dir kommt, ist es gar nicht so abwegig, das es dir gelingt. Du darfst dir erlauben, Bedürfnisse all deiner Lebensbereiche zu verfolgen. Sei mit kleinen Schritten zufrieden, aber verbiete dir nicht, noch mehr zu wollen! Die weibliche Energie, die bei dieser Karte mitschwingt (und für alle Geschlechter relevant ist), lädt dich dazu ein, Fülle zu empfangen, dich und andere zu umsorgen und dir zu nehmen, was dir zusteht. Die Welt verlangt von uns mehr denn je, alle möglichen Rollen zu besetzen und verschiedenste Aufgaben zu erfüllen. Spiele in der nächsten Zeit mit dieser Vielfalt, verschönere dein Zuhause, während du mit Aktien handelst, und mach dich neben deinem Hauptjob endlich nebenberuflich selbständig, während du von Elternschaft träumst. Es ist ein altes Märchen, dass wir uns zwischen Familie, Liebe, Freiheit,

Beruf und Erfolg entscheiden müssen. Du bist königlich in deinem Leben, also nimm dir, was immer du möchtest!



**Fragen**

Zwischen welchen Lebensbereichen fühle ich mich hin- und hergerissen? Kann ich sie miteinander verbinden, indem ich mir vornehme, sie täglich wie kleine Blumen zu gießen, ohne zu viel auf einmal zu verlangen? Glaube ich, mich entscheiden zu müssen, obwohl ich vielleicht sogar alles haben kann? Auf welche Weise möchte ich für mich und andere sorgen?

**Nächste Schritte**

1) Finde eine gesunde Balance! Mehr zu wollen wird nur dann gefährlich, wenn du unverantwortlich mit deinen Ressourcen umgehst. Überlege dir also gut, wie du Vielfalt und Fülle in dein Leben bringen kannst, ohne dich zu verausgaben.
2) Übernimm Verantwortung! Die Energie der Königin ist immer auch umsorgend. Frag dich also, für wen oder was du gerne Verantwortung übernehmen möchtest und freue dich über diese besondere, schöne Aufgabe.
3) Verbinde dich mit Mutter Erde! Wenn dir das Leben mal zu schnell wird, dich deine Ansprüche überfordern oder du einen Ausgleich zur Wildheit deines Alltags brauchst, lädt dich die Natur dazu ein, Vielfalt auf ruhige Art und Weise zu erleben.

## ✦ KÖNIG DER MÜNZEN ✦

ELEMENT ERDE

MACHT, GROSSZÜGIGKEIT, HILFSBEREITSCHAFT

### Bildsprache

Am Anfang unserer Reise wurde uns eine Münze in die Hand gelegt, auf dass wir damit erblühen und finanzielle, spirituelle, seelische, zwischenmenschliche und gesundheitliche Fülle in unser Leben bringen. Nun sind wir am Höhepunkt dieser Reise angekommen, was die Krönung in Verbundenheit mit Sonne, Mond und Sternen symbolisiert. Was machen wir also nun mit unseren Reichtümern?

### Interpretation

Wenn du einen gewissen Status in deinem Leben erreicht hast, findest du vermutlich irgendwann keine Erfüllung mehr darin, ganz allein von deinen Fähigkeiten, Mitteln und Kontakten zu profitieren. Du wirst den Drang verspüren, deine Umwelt daran teilhaben zu lassen und ebenfalls zu beschenken. Diese Karte findet heute den Weg zu dir, um dich daran zu erinnern und dich zu ermutigen, etwas zurückzugeben. Es muss sich dabei nicht um Geld oder andere materielle Werte handeln, sondern kann auch dein Wissen, dein Können oder deine Erfahrungen betreffen. Auch wenn es dir vielleicht gar nicht bewusst ist: Es gibt einiges, was andere gerne von dir lernen würden und wofür sie dich bewundern. Setze deine Macht ganz bewusst ein, um nicht nur deines, sondern auch das Leben anderer Menschen zu verbessern. Sinnkrisen entstehen, wenn das, was wir erreicht haben, plötzlich keine Bedeutung mehr hat. Alles, was vorher so wichtig war, erscheint auf einmal farblos und uninteressant. Dem wirkst du immer entgegen, wenn dein Handeln mehr als nur dich betrifft. Nimm deine Stärken und beschenke damit dein Umfeld. Es kann kaum Schöneres geben.



**Fragen**

Was schätzen oder bewundern andere an mir besonders? Was möchte ich geben? Gibt es Dinge, die mich plötzlich nicht mehr erfüllen? Wie kann ich ihnen eine neue Bedeutung geben? Fühle ich mich sicher, genährt und angekommen genug, um mich in den Dienst anderer zu stellen?

**Nächste Schritte**

1) Sieh es als Geschenk, anderen helfen zu können! Viele erfolgreiche Menschen verschreiben sich altruistischen Tätigkeiten. Nicht umsonst sagt man: »Geben ist seliger als Nehmen.«
2) Achte auf deine eigenen Ressourcen! Es ist wichtig, dass zuerst dein eigenes Glas gefüllt ist, bevor du anderen Wasser geben kannst. Gib also bitte nicht nur, weil du glaubst, nicht selbst auch etwas empfangen zu dürfen.
3) Gib Erfolg eine neue Wertigkeit! Den Erfolg nur des Erfolges wegen zu schätzen, kann dich ausbrennen lassen und unglücklich machen. Wenn du dir aber überlegst, welche Macht du damit erlangen kannst und wie viel schöner die Welt dadurch werden kann, bekommt er eine Tiefe, die dich langfristig nähren wird.

# ÜBERSICHT KARTENBEDEUTUNG

**Autorin**

Verena Klindert beschäftigt sich seit ihrer Kindheit mit Psychologie und Spiritualität. Ihre Liebe zum Tarot hat sie 2020 zum Beruf gemacht und begeistert seitdem tausende Menschen in Workshops, individuellen Online-Sessions, auf Instagram und Telegram mit ihrer Auslegung der verschiedenen Karten. Im Jahr 2022 gründete sie eine Online-Tarotschule, an der Interessierte sich zum Thema weiterbilden können.

www.verenaklindert.de

FSC
www.fsc.org
MIX
Papier | Fördert gute Waldnutzung
FSC® C020056
The mark of responsible forestry

7. Auflage
Originalausgabe

Covergestaltung: Nadine Clemens, unter Verwendung eines Motivs von © Shutterstock/Larisa Rusina
Bildnachweis: Kartenmotive: © Creative Market/Julia Dreams; Vignetten: © Shutterstock/Larisa Rusina
Layout/Satz: Uhl + Massopust, Aalen
Druck und Bindung: Leo Paper Products Ltd
Printed in China

ISBN 978-3-517-30316-1